check ('s)

À l'écoute des Franco-Manitobains

Maquette de la couverture: Marcel Gosselin et Howard Laxson

1. Français (Langue) — Manitoba. 2. Français
(Langue) — Glossaires, vocabulaires, etc.
3. Canadianismes français. I. Titre.
PC3645.M3G32 1985   447'.97127   C85-091502-3

ISBN: 0-920944-52-3

Directeurs: Georges Damphousse et Annette Saint-Pierre

Dépôt légal à la Bibliothèque Nationale d'Ottawa
4e trimestre 1985

Antoine Gaborieau

À l'écoute des Franco-Manitobains

Les Éditions des Plaines
C.P. 123
Saint-Boniface, Manitoba
R2H 3B4

JE REMERCIE

* le Conseil des Arts du Canada
* le Conseil des Arts du Manitoba
* le Conseil de recherches en sciences humaines du Canada
* Beaufort Péan
* Yannick LeGrand
* Raymond Paquin
* Cécilia Wiktorowicz
* Claude Chastagner
* Marie-Blanche et S. Marie-Louise Gaborieau.

*À ceux qui m'ont appris à aimer
la langue française: parents,
éducateurs et étudiants.*

AVANT-PROPOS

La situation linguistique qu'ont vécue les francophones venus s'installer au Manitoba depuis plus d'un siècle n'a pas été privilégiée. Il semblerait que toutes les forces possibles se soient liguées contre la survivance de leur langue.

Considérons tout d'abord l'isolement géographique dans lequel ils se sont trouvés; les distances venaient les priver de tout contact vital avec la mère patrie, soit le Québec, soit la France. Ils ont été noyés dans un milieu à forte majorité anglophone où, pendant plus de cent ans, les gouvernements, les écoles, les médias, le commerce, les milieux de travail et les loisirs ont généralement nommé les êtres, les phénomènes et les choses en anglais.

Que l'on se rappelle encore l'interdiction des droits de ce même petit peuple, droits garantis par la constitution du Manitoba en 1870 et rejetés en 1890: interdiction à l'enseignement, aux services, à l'usage même de la langue française dans les institutions de la province. Depuis une quinzaine d'années, il est vrai, les autorités gouvernementales ont daigné corriger certaines injustices, mais avec quel retard, et Dieu sait avec combien de réticences! Il en résulte que les Franco-Manitobains ne sont pas encore considérés comme citoyens à part entière.

La langue des Franco-Manitobains a dû également subir le mépris des étrangers. D'une part, les anglophones, dont certains ne connaissaient pas un "traître" mot de la langue française et les autres l'ayant apprise dans les hauts lieux universitaires de l'Europe, ont souvent condamné le parler franco-manitobain sous prétexte qu'il n'était pas le "parisian French".

D'autre part, combien de Français nouvellement arrivés au Manitoba, croyant posséder le monopole de la langue, se sont fait un devoir de corriger les expressions "fautives" des Franco-Manitobains, ou tout au moins de les trouver fort "amusantes", créant parfois chez ces derniers la gêne de s'exprimer en français.

Comble de l'ironie, des Franco-Manitobains se sont constitués les fossoyeurs de leur propre identité en terre manitobaine. Se disant soucieux de l'avenir de leurs enfants et de la bonne entente avec la majorité anglophone, certains se sont opposés à l'établissement d'écoles françaises; d'autres ont tout simplement refusé de parler en français.

Ainsi méprisée, que la langue française demeure la langue d'usage chez quelque quarante mille Franco-Manitobains, c'est là un tour de force, un miracle.

Car c'est bien la langue française que parlent les francophones du Manitoba. Tout comme c'est la langue française que parlent les Parisiens, les Algériens, les Sénégalais, les Belges wallons et les Québécois. Preuve est qu'un Franco-Manitobain réussira à se faire comprendre dans sa langue, que ce soit à Bruxelles, à Paris ou à Alger. Tel ne serait pas le cas s'il devait s'adresser dans sa langue à un interlocuteur allemand, russe ou espagnol. Si les francophones de différentes régions se comprennent entre eux, c'est qu'ils partagent un fond commun de langue, fait de lexique et de structures qui constituent l'essence de la langue française.

Par ailleurs, chaque groupe a son accent, ses expressions particulières, des régionalismes propres à son pays d'origine. Ainsi le Franco-Manitobain qui demandera au banquier parisien des chèques de voyages pourra se faire reprendre: "Monsieur veut sans doute des travellers". S'il veut des "briefs", on lui vendra des "slips". S'il demande de la crème fraîche, il ne devra pas s'étonner qu'on lui donne de la crème sure. Il aurait dû demander de la crème stérilisée. S'il dit aimer les cornichons, son hôte pourra lui offrir de petits concombres non marinés. Ce qui est brun pour le Franco-Manitobain deviendra brin pour le Parisien ou le Breton. Ces quelques exemples illustrent les particularités du langage qui distinguent les francophones d'une région à l'autre, que ce soit par l'accent, la structure de phrase ou le lexique. Voilà, selon les linguistes, ce qui constitue le parler.

C'est ainsi que nous avons le parler parisien, le parler algérien, le parler wallon, le parler québécois et le parler franco-manitobain. Ce dernier parler constitué de particularités qui caractérisent la langue française au Manitoba fait l'objet du présent travail. Sans prétendre à l'exhaustivité, je présente ici un répertoire des expressions usitées au Manitoba français qui sont hors de la norme du français standard. Je n'affirme pas que ces exemples recueillis sont de création manitobaine ou encore qu'ils ne sont pas employés ailleurs, soit par exemple au Québec ou dans certaines provinces de la France.

Tout compte fait, je suis persuadé que ces expressions colorées d'un accent et d'une prononciation particulières constituent, dans leur ensemble, un parler qui caractérise le Franco-Manitobain, l'identifie et le distingue des autres membres de la francophonie. En conséquence, il n'est ni Français, ni Suisse, mais Canadien; non Québécois, non Acadien, mais Franco-Manitobain ou, tout au moins, de l'Ouest canadien.

Ce parler n'est pas uniforme à travers le Manitoba français. Ici comme ailleurs, la langue diffère d'une région à l'autre selon l'origine des habitants. L'accent de Saint-Claude se distingue facilement de celui de Saint-Jean-Baptiste. Le "gosse" de Notre-Dame-de-Lourdes ne doit pas s'étonner de voir sa cravate devenir un col à La Broquerie. Le registre de langue varie aussi selon l'éducation reçue, selon la couche sociale ou encore l'époque de l'immigration. Il n'est pas dans mon intention ici de prétendre faire la distinction entre les différentes variétés d'expressions selon les milieux et les couches sociales quoiqu'une telle étude serait très intéressante; d'ailleurs, la mobilité de la population aujourd'hui m'en rendrait la tâche impossible.

Au cours de mes nombreuses années d'enseignement, je m'étais intéressé à ce parler franco-manitobain; grâce aux contributions de quelques collègues, j'avais déjà dressé une liste de mots, tournures de phrases, etc. Plus tard, en 1979, l'occasion de développer ce répertoire m'a été offerte lorsque j'ai reçu un octroi du Conseil de Recherches en Sciences humaines du Canada par l'entremise du Comité de Recherches du Collège de Saint-Boniface. Cet octroi m'a permis de parcourir les différents milieux francophones de la province et d'y organiser des entrevues avec un certain nombre de personnes. Voici la liste des milieux visités: Saint-Léon, Sainte-Anne-des-Chênes, Saint-Claude, Notre-Dame-de-Lourdes, Lorette, Saint-Jean-

Baptiste, Saint-François-Xavier, Saint-Pierre, Saint-Norbert, Saint-Adolphe, Saint-Malo, Saint-Boniface, Saint-Ambroise, Winnipeg, La Broquerie et Sainte-Agathe. Pour ces entrevues, je me suis adjoint trois collaborateurs: Claude Chastagner, assistant de français au Collège universitaire de Saint-Boniface, Cécilia Wiktorowicz et Raymond Paquin, finissants en éducation au même collège.

Ces trois documentalistes ont consacré à ce projet quelque deux cent cinquante heures de travail qui consistait en des entrevues faites à l'aide d'un questionnaire touchant les différents domaines de la vie tels que métiers, loisirs, culture, vie familiale et religion. Ces entretiens, enregistrés pour la plupart sur des bandes magnétiques, se déroulaient à travers un dialogue libre avec les intéressés.

Lors de ces visites, quelque cent cinquante personnes ont été interviewées. Personnes âgées, en grande majorité, et cela pour deux raisons: tout d'abord, une de mes préoccupations était de recueillir de vieilles expressions peut-être en voie de disparition, et ensuite, après avoir oeuvré dans le monde étudiant, je voulais atteindre un milieu plus vaste.

Je ne saurais passer sous silence les impressions qu'ont bien voulu me transmettre les trois collaborateurs, impressions résumées ci-dessous par Raymond Paquin:

> Tous les gens ont été accueillants. La chaleur de ces vieux "Canayens" est contagieuse. C'était pour eux un grand plaisir de raconter leur vie et leurs misères. Parfois, le magnétophone tendait à effrayer les gens. Parfois, ils s'efforçaient de mieux parler. Cependant, après quelque temps, ils semblaient oublier la présence de la machine et se laissaient aller. Ce travail fut pour nous beaucoup plus qu'une cueillette de mots. . .

Mon expérience comme professeur de français m'a permis d'ajouter à ce recueil qui compte maintenant quelque mille trois cents échantillons d'usage relativement fréquent.

Mon intention en présentant le résultat de mes cueillettes n'est pas de condamner tel parler, telle expression. Je me propose seulement de donner à l'étudiant — et nous sommes tous étudiants de la langue — l'occasion de se perfectionner dans la langue française, c'est-à-dire de s'en assurer un meilleur usage. Bien manier une langue, c'est savoir en adapter la diversité aux conditions de la communication, celles-ci variant selon qui parle, à qui il parle et ce dont il parle. Plus les usages qu'on peut employer sont nombreux, plus la maîtrise est grande. Se perfectionner dans la langue, ce n'est donc pas abandonner un usage dit "incorrect" au profit d'un usage "correct"; mais plutôt tenter d'en acquérir une gamme plus étendue d'usages, de communiquer dans les conditions les plus diverses.

Selon cette conception de la maîtrise de la langue, il faut donc savoir que si, dans notre milieu franco-manitobain, on "serre" son argent dans un tiroir, ailleurs, on le "range" ou on le "remise". Si, au Manitoba, on peut "faillir un examen", ailleurs, on peut "échouer à un examen". C'est savoir également que certaines situations exigent une langue populaire ou familière, d'autres requièrent une langue plus soignée. Ainsi, au sein d'une réunion publique, à la radio, à la télévision, on ne peut se permettre de dire que "toute la gang est satisfaite du staff". Dans ces circonstances, une langue soutenue est naturellement plus valorisée.

Par contre, avec ses amis, sa famille, ses voisins, s'il est tout à fait dans l'ordre des choses d'utiliser une langue populaire, familière ou régionale, c'est que cette dernière, par son naturel et sa spontanéité, assure une meilleure communication. Au Manitoba français, les "battages", les "tempêtes de neige", les "tourtières" et "la sloche dans laquelle on est stoqué" évoquent les images d'un vécu, touchent les fibres profondes d'un passé, jouent sur le clavier d'une sensibilité et véhiculent un réalisme comme ne sauraient le faire la "moisson", les "blizzards", les "tourtes" et la "neige fondante dans laquelle on est tombé en panne".

Ce n'est pas qu'il y ait opposition ou même conflit entre la langue familière et le français standard ou universel. Pour citer Michel Breton, ancien conseiller au Bureau de l'éducation française au Manitoba, "il faut parler plutôt de complémentarité". Ainsi, le Franco-Manitobain comprendra qu'étant donné les exigences de la communication, il trouvera avantage à "apprivoiser" les expressions du français standard. Mais il voudra conserver son parler qui lui permettra, comme le disait Antonine Maillet, "d'exprimer son originalité, d'écouter dans sa langue son coeur battre au rythme du Manitoba".

Antoine Gaborieau

NOTE AU LECTEUR

1   ***RIDE,*** n. f. — angl. —

2   J'ai une ride pour revenir à la maison.

3   • **occasion, tour en voiture (ne pas confondre avec ride, petit pli de la peau)**

1. Puisqu'il s'agit de langue parlée, l'auteur a orthographié chaque expression selon la façon dont elle est habituellement prononcée au Manitoba, en suivant autant que possible l'usage de la langue française. L'anglicisme francisé dans sa prononciation est écrit à la française. Ex.: ploguer (to plug), biter (to beat). Dans le cas d'une prononciation à l'anglaise, il est écrit à l'anglaise. Ex.: freezer, guess, riding. Cependant, si l'anglicisme est homographe d'un mot français, il apparaît en italique pour éviter la confusion. On y lit la partie du discours qu'occupe le mot selon le contexte dans lequel il est employé, ainsi que l'origine du mot:
   — vieux français lorsque le mot appartient à l'ancienne langue ou semble être sorti de l'usage courant,
   — dialecte français lorsque le mot se trouve dans les glossaires des parlers provinciaux,
   — canadien lorsque le mot est de création canadienne (Québec ou ailleurs) ou d'origine amérindienne,
   — anglicisme lorsqu'il vient de la langue anglaise et qu'il est critiqué comme emprunt abusif ou inutile.

2. L'auteur situe le mot dans un contexte pour illustrer la signification donnée à ce même mot en milieu franco-manitobain.

3. L'auteur donne la définition et/ou l'équivalence du mot en français standard.

* * *

En vue d'une éventuelle réédition, l'auteur apprécicrait la collaboration de ceux ou celles qui pourraient l'aider à enrichir ce répertoire d'expressions franco-manitobaines.

ABRÉVIATIONS

adj.:	adjectif ou adjectival(e)
adv.:	adverbe ou adverbial(e)
anglic.:	anglicisme
art.:	article
aux.:	auxiliaire
can.:	canadien
conj.:	conjonction ou conjonctive
dém.:	démonstratif
dial.:	dialecte
dir.:	direct
f.:	féminin
fr.:	français
fut.:	futur
interj.:	interjection
intr.:	intransitif
loc.:	locution
m.:	masculin
n.:	nom
part.:	participe
pers.:	personne
pl.:	pluriel
prép.:	préposition
pr.:	pronom ou pronominal(e)
s.:	singulier
subj.:	subjonctif
tr.:	transitif
v.:	verbe ou verbal(e)
vx:	vieux

A

À, prép.[1], adj. dém.[2] ou pron. pers.[3] — vx fr. —

C'est la terre à[1] mon père.
J'y vais à[2] matin.
Ma femme, à[3] venait du Québec.

- [1]**de**
- [2]**ce**
- [3]**elle**

ÂBE, n. m. — dial. fr. —

Notre terre était couverte d'âbes.

- **arbre**

ABNORMAL, adj. — anglic. —

C'est abnormal d'avoir du si beau temps au mois de janvier.

- **anormal**

ABORTION, n. f. ou m. — anglic. —

Parce qu'elle n'était pas prête à garder son enfant, elle a eu une abortion.

- **avortement**

À BRASSE-CORPS, loc. adv. — vx fr. —

On s'est pris à brasse-corps.

- **à bras-le-corps**

ABRIER, v. tr. ou pron. — vx fr. —

Il fait assez froid qu'il faut s'abrier pour sortir.

- **couvrir**

ABSULUMENT, adv. — dial. fr. —

On était absulument sûr que c'était la fin du monde.

- **absolument**

ABUMER, v. tr. ou pron. — can. —

Tu vas tout abumer la table.

- **abîmer**

À CAUSE QUE, loc. conj. — vx fr. —

On a souffert à cause qu'on était pauvre.

- **parce que**

ACCAPARER (S'), v. pron. — dial. fr. —

Il s'est accaparé de tous les outils du père.

- **s'emparer, prendre pour soi au détriment des autres**

ACCOMPTE, n. m. — anglic.: account —

J'ai ouvert un accompte à la banque.

- **compte**

ACCOTÉ, adj. et n. — can. —

Il est accoté depuis deux ans avec une divorcée.

- **vit en concubinage**

ACCOUTUMANCE, n. f. — vx fr. —

Par accoutumance, on fête le jour de l'an.

- **habitude, tradition**

ACCRÈRE, v. tr. — dial. fr. —

Il veut me faire accrère qu'il n'a pas un cent.

- **accroire, croire**

ACCROCHOIR, n. m. — dial. fr. —

Sur la porte de la cuisine, on avait toujours des accrochoirs pour les manteaux.

● **crochet, patère, portemanteau**

ACCROÈRE, v. tr. — vx fr. —

Voir ACCRÈRE.

ACHALANT, adj. — dial. fr. —

Il est achalant; il vient me voir tous les soirs.

● **agaçant, ennuyant, énervant**

ACHALER, v. tr. — vx fr. —

Viens pas m'achaler avec tes problèmes.

● **agacer, importuner, ennuyer**

ACHETEUX, n. m. — vx fr. —

On voulait vendre la terre mais on n'a pas eu d'acheteux.

● **acheteurs**

ACTER, v. intr. — anglic.: to act —

J'aime le voir acter dans une comédie.

● **jouer, tenir un rôle au théâtre**

À C'T'HEURE, loc. adv. — dial. fr. —

À c't'heure, on a bien du confort.

● **à présent, maintenant**

À DATE, loc. adv. — anglic.: to date —

À date, on a vendu trois cents billets.

● **jusqu'à présent**

ADENNER (S'), v. pron.[1] ou intr.[2] — vx fr. —

Ça s'adenne[1] bien, je pars ce soir.
Ça adenne[2] qu'il sait faire ce travail.

- **[1]coïncider**
- **[2]il se trouve, il va sans dire**

ADMETTABLE, adj. — can. —

Cette réponse-là n'est pas admettable.

- **admissible**

ADON, n. m. — dial. fr. —

C'est un vrai adon de s'être rencontrés dans le train.

- **chance, coïncidence**

ADONNER, v. pron.[1] ou intr.[2] — dial. fr. —

Ça s'adonne[1] mal.
Si ça adonne[2], j'irai vous visiter.

- **[1]convenir, arriver à propos, coïncider**
- **[2]si l'occasion se présente**

À DRÈTE, loc. adv. — vx fr. —

Rendu au coin, il faut aller à drète, et pas à gauche.

- **à la droite**

ÀDROÈTE, adj. — vx fr. —

Il est très adroète dans la construction.

- **adroit**

AFFAIRES (PAR), n. m. ou f. pl. — dial. fr. —

Je suis allé en ville par affaires.

- **pour affaires (f.)**

AFFECTER, v. tr. — anglic.: to affect —

La publicité a affecté les élections.

- **influencer**

AFFILER, v. tr. — vx fr. —

Je voudrais affiler mon crayon.

- **aiguiser, tailler**

*AFFORD*ER, v. tr. — anglic.: to afford —

J'ai eu un héritage, alors je peux afforder un voyage.

- **se permettre (monétairement)**

À FINIR, loc. prép. — anglic.: to the finish —

C'est un combat à finir.

- **décisif, jusqu'au bout**

ÂGE, n. f. — vx fr. —

C'est une belle âge pour se marier.

- **âge (m.)**

AGENDA, n. m. — anglic. —

L'agenda de la réunion est long.

- **ordre du jour**

AGRAFER, v. tr. — dial. fr. —

J'ai pas pu l'agrafer; il courait trop vite.

- **rejoindre, attraper**

AJVER, v. tr. — dial. fr. —

On a ajvé l'ouvrage tard le soir.

- **achever**

ALCOHOL, n. m. — anglic. —

Dans notre temps, l'alcohol était défendu.

- **alcool**

ALENTOURS, loc. adv. — can. —

Il est dans les alentours de deux heures.

- **à peu près, environ**

ALLE, v. intr. subj. prés. — vx fr. —

Il faut que j'alle au magasin.

- **aille**

ALTERNATIVES, n. f. pl. — anglic. —

J'avais deux alternatives: rester ou partir.

- **choix (alternative ne s'emploie qu'au singulier)**

AMANCHER, v. tr. — dial. fr. —

Il m'a amanché[1] une histoire.
J'ai amanché[2] ton moteur.

- **[1]arranger, broder, inventer**
- **[2]réparer**

AMANCHURE, n. f. — dial. fr. —

Cette élection-là a été toute une amanchure. J'y comprends rien.

- **situation, histoire bizarre**

AMBIBER, v. tr. — dial. fr. —

Il faut ambiber le pansement avec de l'alcool.

- **imbiber**

AMBITIONNER, v. intr. — can. —

Les Anglais ont ambitionné sur nous autres.

- **abuser de, profiter de,**

AMENER (S'), v. pron. — vx fr. —

Amène-toi. On t'attend.

- **venir**

AMIQUIÉ, n. f., dial. fr. —

J'ai beaucoup d'amiquié pour mon frère.

- **amitié**

AMMUNITION, n. f. — anglic. —

J'ai été m'acheter beaucoup d'ammunitions pour la chasse.

- **munition**

ANNULEMENT, n. m. — anglic. —

Il y a plusieurs annulements de mariage aujourd'hui.

- **annulation**

ANTIFRISE, n. m. — anglic. —

Lorsqu'il fait froid, on met de l'antifrise dans le radiateur.

- **antigel**

ANVALER, v. tr. — dial. fr. —

Anvale ton café au plus vite.

- **avaler**

ANXIEUX, adj. — anglic.: anxious —

Il était bien anxieux d'arriver chez lui.

- **désireux, a hâte**

AOIR, v. tr. ou aux. — dial. fr. —

Il ne faut pas aoir peur.

- **avoir**

AOUÈNE, n. f. — dial. fr. —

L'aouène sauvage fait bien du tort à nos récoltes.

- **avoine**

AOUÈRE, v. tr. ou aux. — vx fr. —

Voir AOIR.

A-OÛT, n. m. (pron. en 2 syllabes) — vx fr. —

Au mois d'a-oût, c'est le temps des récoltes.

- **août (prononcer en une syllabe)**

APARCEOUÈRE, v. tr. — vx fr. —

Je viens d'aparceouère les corbeaux. Le printemps est là.

- apercevoir

À PIC, loc. adj. — vx fr. —

Mon mari était à pic ce jour-là; tout l'énervait.

- susceptible, irascible

APPAREILLER, v. tr. ou pron. — vx fr. —

On était tout appareillé pour partir.

- préparer, habiller, être prêt

APPARTENIR, v. tr. dir. — anglic.: to own —

Il appartient la maison.

- posséder, être propriétaire de (la maison lui appartient)

APPELER, v. tr. — anglic.: to call a meeting —

Le président a appelé une réunion.

- convoquer

APPLIQUER, v. intr. — anglic.: to apply

J'ai appliqué pour un emploi.

- faire une demande d'emploi

APPOINTEMENT, n. m. — anglic.: appointment —

J'ai un appointement chez le médecin.

- rendez-vous

APPOINTER, v. tr. — anglic. et vx fr. —

Il faut appointer un président

- nommer, élire

APPORT (À SON), n. m., dial. fr. —

Il est à son apport maintenant.

- indépendant, chez soi, à son compte

APRÈS, prép. — vx fr. —

Il est après[1] faire son travail.
Accroche-le après[2] l'arbre.

- [1]**en train de**
- [2]**à**

À RAS, loc. prép. — dial. fr. —

On reste à ras du village.

- **près de**

ARBE, n. m.[1] ou n. f.[2] — vx fr. —

J'abattais vingt arbes[1] par jour.
Il faut tondre l'arbe[2] toutes les semaines.

- [1]**arbre**
- [2]**herbe**

ARDOUÈSE, n. f. — dial. fr. —

On s'est bâti un beau chemin d'ardouèse.

- **ardoise**

ARÊCHE DE POISSON, n. f. ou m. — vx fr. —

Il a avalé une arêche.

- **arête**

ARÉNA, n. f. ou m. — anglic. —

Quand les Canadiens viennent à Winnipeg, l'aréna est plein de monde.

- **arène (f.)**

ARGENTS, n. m. pl. — vx fr. —

Les argents qu'on a reçus du gouvernement.

- **argent, somme, octroi**

ARGUMENT, n. m. — vx fr. —

Mon garçon a eu un argument avec le professeur.

- **discussion, dispute**

ARIGHT, adv. — anglic.: alright —

Aright, j'y vais.

- **bien, d'accord**

ARRACHER (EN), v. intr.[1] ou pron.[2] — dial. fr. —

On en a arraché[1] pendant la dépression.
Avec le temps, on s'en est bien arraché[2].

- **[1]éprouver beaucoup de difficultés**
- **[2]se tirer d'embarras, réussir**

ARRIÉRAGES, n. m. pl. — vx fr. —

À cause de nos arriérages, on a perdu la terre.

- **arrérages**

À SAVOUÈRE, loc. v. — vx fr. —

À savouère qu'il viendrait, je l'attendrais.

- **savoir, être sûr**

ASSEYER, v. tr. —vx fr. —

J'ai asseyé de le dompter.

- **Essayer**

ASSIR, v. tr. ou pron. — vx fr. —

Assisez-vous à côté de moi.

- **asseoir**

ASSISTANT-DIRECTEUR, n. m. — anglic. —

Il a été nommé assistant-directeur.

- **directeur adjoint, sous-directeur**

ASTINER, v. tr.[1] ou pron.[2] — vx fr. —

Elle m'a astiné[1] que sa soeur était plus vieille.
C'est un homme qui aime bien s'astiner[2].

- [1]**affirmer avec obstination**
- [2]**s'obstiner, contredire**

ATACA, n. m., — can. —

On mangeait des tourtières avec des atacas.

- **canneberges**

ATRIQUÉ, part. passé — vx fr. —

Il est bien mal atriqué.

- **vêtu, affublé**

ATTISÉE, n. f. — dial. fr. —

On faisait une bonne attisée dans le foyer avant d'aller se coucher.

- **feu produit par une quantité de bois qu'on met en une seule fois**

AU BOUTE, loc. adv. — dial. fr. —

J'en peux plus; je suis rendu au boute.

- **épuisé, à bout**

AUDIENCE, n. f. ou m. — anglic. et vx fr. —

Il y a eu une grosse audience pour entendre parler le Premier ministre.

- **auditoire**

AU-NOM-DU-PÈRE, loc. subst. — dial. fr. —

Fais ton au-nom-du-père.

- **signe de croix**

AU RAS, loc. prép. ou adv. — dial fr. —

J'ai laissé le traîneau au ras la maison.

- **près de**

AUTERMENT, adv. — vx fr. —

Viens avec moi; auterment, j'y vais pas.

- **autrement, ou alors**

AVERAGE, n. m. ou f. — anglic. —

On a eu une average de vingt minots à l'acre.

- **moyenne**

AVEÛGUE, adj. ou n. m. — dial. fr. —

Les parents sont aveûgues en ce qui concerne leurs enfants.

- **aveugle**

AVISEUR, n. m. — anglic.: adviser et vx fr. —

Pendant les stages, notre aviseur vient nous voir dans les écoles.

- **conseiller**

AVISSE, n. f. — dial. fr. —

J'ai posé trois avisses pour tenir la penture.

- **vis**

AVOIR, aux. — dial. fr. —

Je m'ai trompé; il a devenu furieux.

- **être**

AVOUÈRE, v. aux. et tr. — dial. fr. —

Il faut avouère ben de l'argent pour réussir sur la ferme.

- **avoir**

B

BABICHE, n. f. — can. —

On se sert d'une babiche pour affiler les couteaux.

- **lanière de cuir**

BABILLARD, n. m. — can. —

Est-ce que je pourrais mettre cette annonce-là au babillard?

- **tableau d'affiches**

BACHELOR, n. m. — anglic. —

Au nord du village, c'est le coin des bachelors.

- **célibataire**

BACKER, v. tr.[1] ou intr.[2] — anglic.: to back up —

Quand j'ai eu besoin d'argent, mon frère m'a backé[1].
Quand est venu le temps d'agir, il a backé[2].

- **[1]seconder, appuyer, aider**
- **[2]reculer, revenir sur une décision**

BACKGROUND, n. m. — anglic. —

Quand tu connais son background[1], ça fait pitié.
Il se tient toujours dans le background[2].

- **[1]éducation familiale, milieu social**
- **[2]arrière-plan**

BAD LUCK, n. f. — anglic. —

J'ai eu de la bad luck et j'ai perdu aux cartes.

- **malchance**

BÂDRER, v. tr.[1] ou pron.[2] — anglic.: to bother —

Il est toujours en train de me bâdrer[1].
Il faut pas se bâdrer[2] de ça.

- [1]**ennuyer, déranger**
- [2]**se soucier, se préoccuper**

BAKING POWDER, n. m. — anglic. —

On n'avait pas de baking powder pour faire lever la pâte.

- **poudre à pâte**

BAKING SODA, n. m. — anglic. —

Elle a mis du baking soda dans la farine.

- **bicarbonate de soude**

BALANCE, n. f. — anglic. —

Je vous donne cinq cents dollars. Je paierai la balance le mois prochain.

- **reste, différence**

BALANCIGNE, n. f. — can., du fr.: balancine —

On avait une balancigne à deux sièges dans le jardin.

- **balançoire**

BALE, n. f. ou m. — anglic. —

Dans le temps, on mettait le foin en vailloches et pas en bales.

- **balle de paille ou de foin pressé**

BALIAGE, n. m. — dial. fr. —

Chaque matin, je fais le baliage de la maison.

- **balayage**

BALLOT, n. f. — anglic. —

Paul a ramassé les ballots après le vote.

- **bulletin de vote**

BALONÉ, n. m. ou f. — anglic.: bologna —

On a mangé du baloné.

- **mortadelle (gros saucisson originairement confectionné à Bologne)**

BALOUNE, n. f. — anglic.: balloon —

Il a gonflé ma baloune.

- **ballon**

BAND, n. f. — anglic. —

On avait fait venir une band pour la danse.

- **orchestre (m.)**

BANIQUE, n. f. — can. —

Les Métis nous ont montré comment faire de la banique.

- **galette de farine**

BANNOCK, n. f. — can. —

Voir BANIQUE.

BARAUDER, v. intr. ou pron. — dial. fr. —

Il se baraude un peu partout.

- **se promener en flânant**

BARBOT, n. m. — dial. fr. —

Son cahier est plein de barbots.

- **tache d'encre, rature**

BARDA, n. m. — dial. fr. —

Arrête de faire tant de barda; j'entends rien.

- **bruit, tapage**

BARDASSER, v. tr. ou intr. — dial. fr. —

Elle est toujours en train de bardasser dans la cuisine.

- **faire du remue-ménage**

BARGAIN, n. m. — anglic. —

J'ai eu un vrai bargain pour ma voiture.

● **marché, aubaine**

BAROUETTE, n. f. — vx fr.: baroueste —

On charriait le fumier avec la barouette.

● **brouette**

BARRE, n. f. — anglic.: bar —

Je me suis acheté une barre de chocolat.

● **tablette**

BARRER, v. tr. — can. du fr.: fermer à l'aide d'une barre —

En campagne, on barre jamais la porte.

● **fermer à clef**

BASCULE, n. f. — vx fr. —

On lui a donné la bascule le jour de sa fête.

● **jeu qui consiste à frapper le derrière d'une personne contre le plancher autant de fois qu'elle a d'années révolues, plus une, le jour de l'anniversaire de sa naissance**

BASTRINGUE, n. f. — dial. fr. —

Au temps de la dépression, j'ai dû vendre toute la bastringue.

● **attirail, objets, choses**

BATCH, n. f. — anglic. —

On avait fait une grosse batch de pain.

● **fournée**

BATTAGES, n. m. pl. — can., du fr.: battage (n. s.) —

Les battages, à l'automne, c'était une vraie fête.

● **récolte des céréales, temps de la moisson**

16

BATTÉE, n. f. — can. —

Ma mère a fait une battée de pain.

- **quantité faite en une seule fois, fournée**

BATTER, v. tr. — anglic.: to bat —

Il a batté la balle au bout du champ.

- **frapper**

BATTERIE, n. f. — anglic. —

La batterie du radio est morte.

- **pile**

BATTEUX, n. m. — dial. fr. —

Les batteux sont arrivés. Il va falloir faire à manger.

- **ouvrier travaillant à la moisson**

BAVASSAGE, n. m. — can. —

C'est une femme qui aime bien faire du bavassage.

- **bavardage, commérage**

BAVASSER, v. tr. ou intr. — vx fr. —

Il aime ça bavasser contre les autres.

- **bavarder, mal parler**

BAVEUX, n. m. — vx fr. et dial. fr. —

Il fait le dur, mais c'est rien qu'un baveux.

- **lâche, poltron**

BAZOU, n. m. — can. —

Son bazou tombe en morceaux, mais il peut quand même se promener.

- **voiture**

BEACH, n. m. — anglic. —

Ils vont au beach tous les dimanches.

- **plage**

BEAM, n. m. — anglic. —

Les beams du plancher sont bien solides.

- **poutre**

BÉBELLE, n. f. — vx fr. —

Ma femme s'achète toujours des bébelles[1].
À Noël, on avait des bébelles[2].

- **[1]bagatelle, babiole, objet de peu d'importance**
- **[2]jouet, joujou**

BÉBITE, n. f. — dial. fr. —

Il y avait des bébites partout dans la maison.

- **insecte**

BÉBITE (EN), loc. prép. — can. —

J'étais en bébite quand mon frère m'a joué cette farce-là.

- **en colère, fâché, blessé**

BEC, n. m. — dial. fr. —

Donne-moi donc un bec pour me remercier.

- **baiser**

BÉCOSSE, n. f. — anglic.: back-house —

Il faut que j'aille à la bécosse

- **toilettes, latrines**

BEE, n. m. — anglic —

Nous avons fait un bee pour construire son étable.

- **corvée, travail manuel collectif, volontaire et gratuit, pour venir en aide à quelqu'un**

BÉGNET, n. m. ou adj. — can. du fr.: benêt —

C'est une espèce de bégnet!

- **niais**

BEIGNE, n. f. — vx fr. —

À Noël, je fais des tartes et des beignes.

- **beignet, rondelle de pâte frite**

BELLE (AVOIR EN), loc. verb. — dial. fr. —

S'il veut venir, il a bien en belle.

- **avoir une occasion favorable, être bienvenu**

BELÔNÉ, n. m. ou f. — anglic. —

Voir BALONÉ

BEN, adv. — vx fr. —

Il est ben travaillant.

- **bien**

BERLOT, n. m. — can. —

On allait à la messe en berlot l'hiver.

- **voiture d'hiver sur patins**

BEROUETTE, n. f. — vx fr. ou dial. fr. —

Dans cette voiture-là, on se faisait secouer comme en berouette.

- **brouette**

BERTELLE, n. f. — dial. fr. —

J'aime encore mieux des bertelles qu'une ceinture.

- **bretelle**

BEST, n. m. — anglic. —

Je vais faire mon best pour réussir.

- **possible, de son mieux**

BÊTE PUANTE, n. f. — can. du fr.: terme générique —
C'était pas drôle. Il s'était fait arroser par une bête puante.
- **mouffette**

BETTER, v. tr. — anglic.: to bet —
Je vais te better cinq piastres qu'il va venir.
- **gager, parier**

BICYCLE, n. m. — anglic. —
J'ai acheté un beau bicycle aux enfants.
- **bicyclette, vélo**

BIDER, v. tr. ou intr. — anglic.: to bid —
J'ai pas bidé assez haut pour avoir la peinture.
- **offrir, faire une offre**

BIDOUS, n. m. pl. — can. du vx fr.: bidet —
Il en a des bidous, lui.
- **argent**

BILL, n. m. — anglic. —
Il faut que je paye mon bill[1].
J'avais un bill[2] de dix dollars.
- **[1]facture, note, addition**
- **[2]billet, coupure**

BINDER, n. m. — anglic. —
J'ai acheté un binder pour prendre des notes.
- **cahier**

BINES, n. f. pl. — anglic.: beans —
Ma mère a cuit des bonnes bines.
- **fèves au lard**

BISC-EN-COIN (EN), loc. adv. — dial. fr. —

Il a coupé la planche en bisc-en-coin.

- **de biais, en diagonale**

BITER, v. tr. — anglic.: to beat —

Il s'est fait biter dans la course.

- **surpasser, battre, vaincre**

BLACK EYE, n. m. — anglic. —

Le président est sorti de la réunion avec un black eye.

- **coup de poing sur l'oeil, oeil poché, oeil au beurre noir**

BLACK-MARKET, n. m. — anglic. —

Mon voisin faisait du black-market; il vendait du whisky.

- **marché noir**

BLÉ D'INDE, n. m. — dial. fr. —

On épluchait du blé d'Inde.

- **maïs**

BLENDER, n. m. — anglic. —

Pour faire la soupe aux légumes, je me sers du blender.

- **mixeur, mixer**

BLEUET, n. m. — can. —

Au mois d'août, c'est le temps des bleuets.

- **espèce d'airelle qui ressemble à la myrtille**

BLIND, n. m. — anglic. —

On a acheté un blind pour la fenêtre.

- **store**

BLOC, n. m. — anglic.: block —

Il demeure à trois blocs[1] d'ici.
Il a acheté un beau bloc[2].

- [1] **pâté de maisons, rue**
- [2] **maison de rapport, immeuble locatif**

BLONDE, n. f. — dial. fr. —

J'étais bien auprès de ma blonde.

- **amie, jeune fille courtisée**

BLUFFER, v. intr. — anglic.: to bluff —

C'est un gars qui aime bien bluffer.

- **se vanter**

BLUSHER, v. intr. — anglic.: to blush —

Quand on lui parle des filles, il blush.

- **rougir**

BOASTER, v. intr. — anglic.: to boast —

Sans vouloir boaster, je peux dire que j'ai réussi.

- **se vanter**

BOB (PASSER AU), loc. verb. — vx fr. —

Je vais le passer au bob.

- **réprimander, brosser**

BOCQUER, v. intr. — vx fr. et dial. fr. —

Il a bocqué toute la journée.

- **refuser d'avancer, s'obstiner, refuser d'agir**

BOL, n. f. — dial. fr. —

On a mangé une pleine bol de soupe.

- **bol (m.)**

BOLT, n. f. — anglic. —

Il manque une bolt à ta machine.

- **boulon**

BOLTER, v. intr. — anglic.: to bolt —

Quand le patron est arrivé, on a bolté.

- **se hâter, courir, travailler vite, partir vite**

BOMBE, n. f. — can. —

Fais chauffer un peu d'eau dans la bombe.

- **bouilloire**

BONUS, n. m. — anglic. —

Les employés ont tous eu un bonus pour avoir bien travaillé.

- **boni, prime**

BOOTLÈGUER, v. intr. — anglic.: to bootleg —

Au temps de la dépression, il y en a beaucoup qui bootlèguaient.

- **fabriquer et vendre illégalement des boissons alcoolisées**

BOSS, n. m. — anglic. —

Le nouveau boss vaut pas mieux que l'autre.

- **patron, chef**

BOSSER, v. tr. — dial. fr.[1] et anglic.[2] —

Il a tout bossé[1] sa voiture.
Il aime bien bosser[2] les autres.

- **[1]bosseler, faire des bosses**
- **[2]diriger, mener**

BOTCHER, v. tr. — anglic.: to botch —

C'est un gars qui botche son travail.

- **bousiller, gâcher**

BOTTLE-OPENER, n. m. — anglic. —
Il sort jamais sans son bottle-opener.
- **ouvre-bouteille, décapsuleur**

BOUCANE, n. f. — dial. fr. —
Quand il fume, il en fait de la boucane.
- **fumée**

BOUCHERIE (FAIRE), loc. verb. — dial. suisse
À l'automne, on fait boucherie.
- **abattre et dépecer des bestiaux**

BOUDIN, n. m. — dial. fr. —
As-tu fini de faire ton boudin?
- **bouder**

BOUÈRE, v. tr. ou intr. — dial. fr. —
C'est un homme qui aimait bien bouère.
- **boire**

BOUÈTER, v. intr. — vx fr. —
Il s'est foulé le pied; c'est pourquoi il bouète.
- **boiter**

BOUETTE, n. f. — vx fr. —
Au printemps, on est dans la bouette jusqu'au cou.
- **boue, vase**

BOUILLE, v. intr. — dial. fr. —
Le café qui bouille n'est pas bon.
- **bout**

BOURRER, v. tr. — vx fr. —
Je me suis fait bourrer dans ce marché-là.
- **tromper, duper**

BOURSE, n. f. — can. —

J'ai tout ce dont j'ai besoin dans ma bourse.

- **sac à main**

BOUTE, n. m. — dial. fr. —

Prends le boute[1] du manche du râteau.
Il fait des mauvais coups par boute[2].

- **[1]bout**
- **[2]moment**

BOYLEUR, n. m. — anglic.: boiler —

On se sert du boyleur pour faire les conserves.

- **chaudière, lessiveuse**

BRÂILLER, v. intr. — dial. fr. —

Quand elle a perdu son mari, elle n'arrêtait pas de brâiller.

- **pleurer**

BRAKES, n. m. pl. — anglic. —

Les brakes étaient tout neufs.

- **freins**

BRANCO, n. m. — anglic.: bronco —

On ne pouvait pas se servir de ce cheval-là, c'était un vrai branco.

- **cheval sauvage**

BRANLEUX, n. m. ou adj. — vx fr. —

Ce curé-là, c'était pas un branleux.

- **ne sait quel parti prendre, hésitant, lambin**

BRAQUER, v. tr.[1] ou v. pron.[2] — dial. fr. —

Il a braqué[1] là sa femme et il est parti.
Je ne pouvais pas voir la partie; un gros homme s'était braqué[2] devant moi.

- [1]**laisser, abandonner**
- [2]**se placer, se poster**

BRAQUETTE, n. f. — anglic.: bracket —

Utilise une braquette pour fixer le cadre au mur.

- **broquette**

BRÂSSE, n. f. — can. —

J'ai gagné la troisième brâsse au jeu de cartes.

- **main**

BRÂSSER, v. tr. — dial. fr. —

C'est un homme qui en brâsse[1] des choses.
Brâsse[2] ton café pour diluer le sucre.
C'est à ton tour de brâsser[3] les cartes.

- [1]**faire**
- [2]**remuer**
- [3]**mêler, battre**

BREAK, n. m. — anglic. —

C'est le temps de prendre un break.

- **pause pendant le travail**

BRETTER, v. intr. — vx fr. —

Il a passé sa vie à bretter d'un bord et de l'autre.

- **faire un travail plus ou moins utile**

BRETTEUX, n. m. ou adj. — dial. fr.: celui qui est dans l'habitude de mendier —

C'est un bretteux; il fait rien de bien.

- **bricoleur (sens péjoratif)**

BRICELET, n. m. — dial. suisse —

Notre voisine nous faisait de délicieux bricelets.

- **gaufre suisse roulée**

BRIMBALE, n. f. — dial. fr.: balançoire —

Chez mon grand-père, on faisait boire les vaches à la brimbale.

- **perche en bascule pour tirer l'eau des puits**

BRIN DE SCIE, n. m. — dial. fr. —

On se servait du brin de scie pour isoler la maison.

- **bran de scie**

BRISBOUILLE, n. f. — can. —

Il y a eu de la brisbouille dans la paroisse.

- **dispute**

BROCHE, n. f. — can. —

On s'est fait une clôture de broche.

- **fil de fer**

BROCHE-À-FOIN, n. f. ou adj. — can. —

C'était un spectale broche-à-foin.

- **mal fait, mal préparé, de piètre qualité**

BRODAGE, n. m. — can. —

C'était une femme qui faisait du beau brodage.

- **broderie (f.)**

BROSSE (PRENDRE UNE), loc. verb. — dial. fr. —

Il a pris une bonne brosse hier soir.

- **prendre une cuite, s'enivrer**

BROUE, n. f. — dial. fr.: sueur épaisse semblable à de l'écume —

Le champagne fait de la broue.

* **écume, mousse**

BROUE (FAIRE DE LA BROUE), loc. verb. — dial. fr. —

Lui, il en fait de la broue.

* **se vanter**

BRÛLEMENT, n. m. — can. —

Elle souffre de brûlements d'estomac.

* **brûlure**

BRUNANTE, n. f. — can. —

On arrêtait les travaux à la brunante.

* **crépuscule, tombée du jour**

BUCK, n. m. — anglic. —

La chair de buck est plus dure.

* **mâle du chevreuil, de l'orignal, du caribou**

BUCKSTOVE, n. m. — anglic. —

Dans le temps, on chauffait toute la maison avec un buckstove.

* **appareil de chauffage, marque de poêle**

BUFFALO, n. m. — anglic. —

Il est parti à la chasse aux buffalos.

* **bison, buffle**

BUGGY, n. m. — anglic. —

On allait au village en buggy.

* **voiture à cheval à deux roues, cabriolet**

BUM, n. m. — anglic. —

Leur garçon est un vrai bum.

- **voyou**

BUN, n. f. — anglic. —

Ma mère faisait des buns pour le Jeudi Saint.

- **brioche**

BUNCH, n. f. — anglic. —

Il y avait une bunch d'enfants devant l'école.

- **foule, ribambelle**

BUS, n. m. — anglic. —

Je me rends au travail en bus.

- **autobus**

BUSINESS, n. f. — anglic. —

Il a une bonne business.

- **affaire, entreprise, commerce**

BUSTER, v. intr.[1] ou tr.[2] — anglic.: to bust —

La compagnie où mon père travaille a busté[1].
Il a busté[2] le ballon.

- **[1]faire faillite**
- **[2]crever, faire éclater**

BUTIN, n. m. — dial. fr.: effet, marchandise quelconque

Cette robe-là, c'est du bon butin.

- **vêtement, linge, tissu, étoffe**

BUVEUX, n. m. — vx fr. —

C'était un buveux, il ne pouvait pas soutenir sa famille.

- **buveur**

C

CABALE, n. f. — can. du fr.: manoeuvre secrète

La cabale est commencée pour les élections.

- **campagne électorale politique, propagande**

CABANEAU, n. m. — vx fr.: cabanot —

On a remisé tous nos souvenirs dans le cabaneau.

- **petit placard, armoire (le plus souvent dans un mur, sous un escalier, entre le plancher des mansardes et le comble)**

CABOCHER, v. tr. — dial. fr. —

Sa voiture s'est fait cabocher.

- **bosseler, cabosser**

CABOOSE, n. f. — anglic. —

La caboose[1] était toujours le dernier wagon.
En hiver, on voyageait en caboose[2].

- **[1]fourgon de l'équipe (wagon de chemin de fer servant aux travailleurs)**
- **[2]voiture d'hiver en forme de cabane, sur patins**

CÂDRE, n. m. — dial. fr. —

Il y a de beaux câdres dans leur salon.

- **portraits, peintures, tableaux**

ÇA FA QUE (ÇA FAIT QUE), loc. conj. — can. —

Il était assez grand. Ça fa qu'on l'a gardé à la maison.

- **alors, de sorte que**

CAILLER, v. intr. — dial. suisse —

Il caille tout le temps pendant le sermon.

- **avoir sommeil, s'endormir**

ÇA LA, pron. dém. avec verbe avoir — can. —

Ça la fait cent ans que mon père est arrivé ici.

- cela a, ç'a

CALCULER, v. tr. — anglic.: to reckon et vx fr. —

Je calcule que j'ai bien mérité un voyage.

- penser, croire, estimer

CALER, v. intr. ou pron. — dial. fr. —

On s'est calé dans la neige.

- s'enfoncer

CÂLER, v. tr. — anglic.: to call —

Mon frère câle les danses.

- animer, diriger

CALVETTE, n. f. — anglic.: culvert —

La calvette est bouchée par la glace.

- tranchée, canal à ciel couvert (sous une route)

CAMPE, n. m. — anglic.: camp —

Ils ont un beau campe au lac.

- chalet d'été, résidence pour travailleurs dans les chantiers

CANARD, n. m. — vx fr.: cagnard (fourneau portatif) —

Mets de l'eau dans le canard pour le café.

- bouilloire

CANCELLER, v. tr. — anglic.: to cancel —

J'ai cancellé mon rendez-vous.

- annuler

CANDY, n. m. — anglic. —

Les enfants aiment bien les candies.

- bonbon

CANEÇON, n. m. — dial. fr. et vx fr. —

Je porte mes gros caneçons en hiver.

● **caleçon**

CANGRÈNE, n. f. — vx fr. —

Il a fallu lui couper la jambe. Elle avait la cangrène.

● **gangrène**

CANISSE, n. f. — vx fr.: sorte de panier et anglic.:
canister —

Pour garder la crème fraîche, on descendait la canisse
dans le puits.

● **bidon**

CANNAGE, n. m. — anglic.: to can —

Les cannages tombaient souvent en même temps que les
battages.

● **mise en conserve**

CANNE, n. f. — vx fr. et anglic.: can —

J'ai mangé une canne de bines.

● **boîte de conserve, canette**

CANNER, v. tr.[1] ou intr.[2] — anglic.: to can —

Ma mère canne[1] six cents pots par année.
Ils l'ont canné[2] pour trois mois.

● [1]**mettre en conserve**

● [2]**mettre en prison**

CANTER, v. tr.[1], intr. ou pron.[2] — dial. fr. —

Le mur cante[1] un peu à droite.
J'vais me canter[2], je suis fatiguée.

● [1]**pencher, incliner**

● [2]**se coucher, se reposer**

CAPOT, n. m. — vx fr. —

Je me suis acheté un beau capot de poil.

- **manteau, pelisse**

CASH, n. m.[1] ou adv.[2] — anglic. —

On n'avait pas de cash[1].
Il fallait payer cash[2] pour la terre.

- **[1]argent comptant**
- **[2]payer comptant, en espèces**

CASHER, v. tr. — anglic.: to cash —

J'ai cashé un chèque.

- **encaisser**

CASSÉ, adj. — anglic.: broke —

Il est cassé comme un clou.

- **sans argent, sans le sou**

CASSER, v. tr. — anglic.: to break —

Ça nous a pris du temps pour casser la terre.

- **briser, préparer pour la culture**

CATALOGNE, n. f. — vx fr. —

On passe nos soirées d'hiver à faire de la catalogne.

- **couverture de lit faite avec des retailles de toutes sortes; tapis fabriqué de la même façon**

CATCHER, v. tr. — anglic.: to catch —

Il a catché la balle.

- **saisir, attraper**

CATIN, n. f. — dial. fr. —

À Noël j'ai acheté une catin pour ma petite fille.

- **poupée**

CAUCUS, n. m. — anglic. —

Le parti libéral a eu un caucus hier soir.

* **réunion de certains membres choisis d'un groupe politique ou d'une organisation**

CAVE, n. f. — can. du fr.: local souterrain, ordinairement situé sous une habitation; cellier —

Les jeunes ont des belles caves aujourd'hui.

* **sous-sol**

CÉDULE, n. f. — anglic.: schedule —

La cédule des confessions pour Noël n'est pas encore publiée.

* **calendrier, horaire**

CENNE, n. f. — can. —

Il y en a plusieurs qui mettaient rien qu'une cenne à la quête.

* **cent (m.)**

CENTRIFUGE, n. m. — can. —

Quand on a vendu les vaches, on a vendu le centrifuge.

* **écrémeuse, centrifugeur**

CEUSSES (LES), pron. dém. — vx fr. —

Les ceusses qui étaient au village étaient plus pauvres que les fermiers.

* **ceux, celles**

CHAMBRANLER, v. intr. — dial. fr. —

Le mur chambranle.

* **chanceler, branler, ne pas être d'aplomb**

CHAMBRE DE BAIN, n. f. — anglic.: bathroom —

Où est la chambre de bain?

* **salle de bain, toilettes**

CHAMPLURE, n. f. — dial. fr. —

Ferme la champlure.

• **robinet, chantepleure**

CHANCE (PRENDRE LA), loc. verb. — anglic.: take the chance —

Il nc faut pas prendre la chance de perdre.

• **encourir le risque**

CHANGE, m. m. — anglic. —

Le soir, je tricotais; ça faisait un change[1].
Avez-vous du change[2] pour cinq dollars?

• [1]**changement**

• [2]**monnaie**

CHAQUE, pr. ind. — dial. fr. —

Les vaches se vendaient dix dollars chaque.

• **chacun(e)**

CHAR, n. m. sing.[1] et pl.[2] — vx fr. —

Il s'est acheté un beau char[1].
C'était la première fois qu'on prenait les chars[2] pour aller en ville.

• [1]**voiture, automobile**

• [2]**train**

CHARGER, v. tr. — anglic.: to charge —

L'ouvrier nous chargeait deux dollars par jour.

• **demander, réclamer**

CHARGES (RENVERSER LES), loc. verb. — anglic.: reverse the charges —

Téléphonez et faites renverser les charges.

• **frais (virer les)**

CHARRUES, n. f. — can. —

La charrue a passé tout de suite après la tempête.

● **chasse-neige, souffleuse**

CHÂSSIS, n. m. — fr.: encadrement de menuiserie —

Elle me regardait par le châssis.

● **fenêtre**

CHÂSSIS-DOUBLE, n. m. — anglic.: double windows —

En hiver, on installe des châssis-doubles.

● **contre-fenêtre**

CHAUDASSE, adj. — dial. fr. —

Il est revenu du village, chaudasse.

● **légèrement ivre**

CHAUSSON, n. m. — dial. fr. —

Tes chaussons sont sales et troués.

● **chaussette (f.)**

CHAUYÈRE, n. f. — dial. fr. —

La vache nous donnait une chauyère de lait chaque jour.

● **chaudière, seau**

CHEAP, adj. — anglic. —

Quand j'étais jeune, la nourriture était beaucoup plus cheap qu'aujourd'hui.

● **meilleur marché, coûter moins cher**

CHECK, n. m. — anglic. —

Est-ce que je peux endosser un check?

● **chèque**

*CHECK*ER, v. tr. — anglic.: to check —

On va aller checker nos valises.

● **surveiller, enregistrer, étiqueter, vérifier**

CHECK-UP, n. m. — anglic. —

Je suis allé à la clinique pour un check-up.

- **examen médical**

CHENAILLER, v. intr. — can. —

Le chemin était tellement glacé qu'on chenaillait d'un bord puis de l'autre en voiture.

- **glisser d'un côté et de l'autre**

CHÉRANT, v. tr. ou intr. — dial. fr. —

Ce magasin-là était bien chérant.

- **qui vend cher**

CHESSER, v. tr. ou intr. — dial. fr. —

On fait chesser le linge sur la corde dehors.

- **sécher**

CHESTERFIELD, n. m. — anglic. —

Elle s'est acheté un chesterfield pour son salon.

- **sofa, divan**

CHÉTI, adj. — vx fr. —

Notre deuxième enfant est pas mal chéti.

- **chétif, faible**

CHEVREU, n. m. — vx fr. —

Mon mari a tué un beau chevreu.

- **chevreuil**

CHIÂLER, v. intr. — dial. fr. —

Les enfants chiâlaient du matin au soir.

- **critiquer, se plaindre, pleurer**

CHIARD, adj. ou n. m. — can. —

Il fait le brave mais il est chiard.

- **peureux, lâche**

CHICANE, n. f. — can. —

Il y a eu une grosse chicane dans la paroisse.

● **dispute, querelle**

CHICANER (SE), v. pron. — can. —

Les enfants sont toujours en train de se chicaner.

● **se disputer, se quereller**

CHICOQUE, n. f. — can. —

Quel problème quand on se fait arroser par une chicoque!

● **mouffette**

CHIENNE (AVOIR LA), loc. verb. — can. —

Il n'est pas malade mais il a la chienne.

● **n'être pas d'humeur à travailler**

CHIOTTE, n. f. — dial. fr. —

Il faut que j'aille à la chiotte.

● **aux toilettes**

CHIPS, n. m. ou f. — anglic. —

Avez-vous des chips?

● **pommes de terre frites, croustilles**

CHIRE, n. f. — anglic.: sheer —

Le char a pris toute une chire.

● **embardée, faux pas en marchant, glissade**

CHOQUER, v. pron. — can. —

Il se choque facilement.

● **se fâcher, se mettre en colère**

CHOULER, v. tr. — dial. fr. —

Ils l'ont choulé contre le curé.

● **encourager, exciter**

CHOUTIAM, n. f. — can.: déformation de chou de
Siam —

On a mangé de la choutiam tout l'hiver.

- **chou-navet, navet**

CHUM, n. m. — anglic. —

Lui, il est mon chum.

- **ami intime, camarade, copain**

CHUMNÉE, n. f. — dial. fr. —

La chumnée a pris en feu.

- **cheminée**

CIARGE, n. m. — dial. fr. —

On a fait brûler un ciarge pour sa guérison.

- **cierge**

CINGLÉE, n. f. — vx fr. —

J'en ai mangé une cinglée!

- **volée, fessée**

CINNAMON, n. m. — anglic. —

Je mets du cinnamon dans ma tarte aux pommes.

- **cannelle**

CITRON, n. m. — anglic.: lemon —

La voiture que j'ai achetée est un vrai citron.

- **saloperie**

CLABORD, n. m. — anglic.: clapboard

On s'est fait construire une belle maison en clabord.

- **planches imbriquées ou frises à rainures et languettes servant au revêtement extérieur des pans de bâtiments, et se
  posant horizontalement; le revêtement lui-même**

CLAIRER, v. tr. — anglic.: to clear —

Les employés qui sont arrivés en retard se sont fait clairer[1].
On va clairer[2] la table.
Il a fallu clairer[3] nos dettes.
On a dû d'abord clairer[4] le terrain.

- [1]**congédier**
- [2]**libérer, dégager, débarrasser**
- [3]**payer**
- [4]**défricher**

CLAMPE, n. f. — anglic.: clamp —

Prends une clampe pour tenir les deux planches ensemble.

- **attache, pince**

CLAQUE, n. f. — vx fr. —

Mets tes claques pour ne pas abîmer tes souliers.

- **couvre-chaussure de caoutchouc, caoutchouc**

CLINER, v. tr. — anglic.: to clean —

Il s'est fait cliner au poker hier soir.

- **nettoyer**

CLIP (PAPER), n. m. — anglic. —

Attachez ces feuilles avec un clip.

- **trombone**

CLIPER, v. tr. — anglic.: to clip —

Je suis allé me faire cliper les cheveux.

- **couper, tondre**

CLOSETTE, n. f. — anglic.: closet —

Je vais pendre notre manteau dans la closette.

- **placard, armoire**

COACH, n. m. — anglic. —

Le coach est l'homme le plus important de l'équipe.

● **entraîneur**

COAT, n. m. — anglic. —

Il fait froid. Tu ferais mieux de mettre ton coat.

● **manteau, veston**

COAXER, v. tr. — anglic.: to coax —

Je l'ai coaxé mais il n'a pas voulu venir avec moi.

● **insister, supplier**

COBETTE, n. f. — can. —

Tu trouveras ton manteau dans la cobette.

● **armoire, garde-robe**

COCHONNERIE, n. f. — dial. fr. —

Cette revue-là, c'est une vraie cochonnerie.

● **saleté**

COCOMBE, n. m. — vx fr. —

Les cocombes se digèrent mal.

● **concombre**

COCONUT, n. m. — anglic. —

J'ai garni le gâteau au coconut.

● **noix de coco**

C.O.D., n. m. — anglic.: cash on delivery —

J'aimerais recevoir ce livre C.O.D.

● **envoi payable sur livraison, livrable contre remboursement**

CODINDE, n. m. — can. —

On s'est acheté un beau gros codinde.

● **coq d'Inde, dindon**

41

COL, n. m. — dial. fr. —

Mon mari portait un col tous les dimanches.

- **cravate**

COLLETAILLER, v. intr. ou pron. — can. du dial. fr.: cotailler —

Les enfants aiment bien se colletailler.

- **se colleter, lutter à bras-le-corps**

COLOUER, v. tr. — can. —

On a fait une corvée puis on lui a coloué son étable en trois jours.

- **clouer**

COMBINAISONS, n. f. pl. — can. —

Mets tes combinaisons ou tu vas avoir froid.

- **longs caleçons ou sous-vêtements**

COMBINE, n. f. — anglic. —

Quand les combines ont remplacé les batteuses, ç'a été la fin des battages.

- **moissonneuse-batteuse**

COMBINES, n. f. pl. — can. —

Voir COMBINAISONS.

COMME DE FAITE, loc. conj. — dial. fr. —

Comme de faite, il est arrivé en retard.

- **en effet, de fait**

COMMISSION DE LIQUEURS, n. f. — anglic.: liquor commission —

Passe à la commission de liqueurs; j'ai besoin de whisky.

- **régie des alcools**

COMPOSEUR, n. m. — anglic.: composer —

C'est un grand composeur de musique.

- **compositeur**

COMPRENABLE, adj. — can. —

Son histoire n'est pas comprenable.

- **compréhensible**

COMPRENURE, n. f. — dial. fr. —

Il a la comprenure difficile.

- **compréhension, intelligence**

CONCERNÉ, adj. — anglic.: concerned —

Il avait l'air bien concerné au moment de l'accident.

- **inquiet, soucieux**

CONE D'ICE-CREAM, n. m. — anglic. —

C'est donc bon un cone d'ice-cream quand il fait chaud.

- **cornet de glace, cornet de crème glacée**

CONFORTABLE, n. m.[1] ou adj.[2] — anglic.: comforter[1], comfortable[2]

Il avait froid au lit alors on lui a acheté un bon confortable[1].
Es-tu confortable[2] dans ce fauteuil?

- **[1]édredon**
- **[2]à l'aise**

CONFORTEUR, n. m. — anglic.: comforter —

Voir CONFORTABLE[1].

CONNAISSANT, adj. — vx fr. —

Il fait le grand connaissant en littérature mais il n'a jamais rien lu.

- **connaisseur**

CONNECTER, v. tr. — anglic.: to connect —

As-tu connecté le fil électrique?

● **brancher**

CONSTRUCTION (SUR LA ROUTE), n. f. — anglic. —

À cause de la construction il faut faire un détour.

● **travaux de la voirie.**

CONTAINER, n. m. — anglic. —

Je n'ai pas de container pour le sucre.

● **récipient**

CONTERDIRE, v. tr. — dial. fr. —

Il est toujours en train de me conterdire.

● **contredire**

CONTIENDRE, v. tr. — dial. fr. —

Ma cuve peut contiendre trois gallons.

● **contenir**

CONTRACTEUR, n. m. — anglic. —

On était à faire construire une maison quand le contracteur a fait faillite.

● **entrepreneur**

CONTRÔLER, v. tr. — anglic.: to control —

Il contrôle tout le comité.

● **diriger, influencer**

COOKERIE, n. f. — anglic.: cookery —

Je faisais la cookerie dans les chantiers.

● **cuisine**

CORDER, v. tr. — dial. fr. —

Voudrais-tu corder le bois le long de la clôture?

- **empiler**

CORNSTARCH, n. m. — anglic. —

On se sert du cornstarch pour épaissir la sauce.

- **fécule de maïs**

COULEURER, v. tr. — vx fr. —

L'eau est couleurée[1] en bleu.
Prends ces crayons pour couleurer[2] ta carte géographique.

- **[1]colorer**
- **[2]colorier**

COUVERT, n. m. — dial. fr. —

Mets le couvert sur la marmite.

- **couvercle**

COUVERTE, n. f. — dial. fr. —

J'ai mis deux couvertes sur le lit.

- **couverture**

CRAIRE, v. tr. — dial. fr. —

Il faut craire qu'il est bien malade.

- **croire**

CRAQUE, n. f. — anglic.: crack —

Il va falloir boucher les craques dans le mur.

- **fissure, fente, fêlure**

CRASHER, v. intr. — anglic.: to crash —

La voiture a crashé dans le poteau.

- **s'écraser, frapper, heurter**

CRASSOUX, adj. — dial. fr. —

Quand il revenait des champs il était tout crassoux.

- **crasseux, malpropre**

CRAYABLE, adj. — vx fr. —

Il est menteur, c'est pas crayable!

- **croyable**

CRÉMONE, n. f. — dial. fr.: sorte de fichu croisé —

Elle s'est tricoté une belle crémone.

- **cache-nez en laine tricotée**

CREUX, adj. — dial. fr. —

Ce lac-là est creux.

- **profond**

CRI (QU'RI), v. tr. — vx fr. —

Va cri de l'eau

- **quérir, chercher**

CRINQUE, n. f. — anglic.: crank —

J'ai perdu la crinque de l'horloge.

- **manivelle**

CRINQUÉ, adj. — anglic.: cranky —

Il est crinqué ce matin.

- **de mauvaise humeur**

CRIQUE, n. m. — dial. fr. et anglic.: creek —

L'eau du crique est très propre.

- **ruisseau**

CROCHE, adj. — anglic.: crooked —

C'est un homme croche[1].
La route est toute croche[2].

- [1]**malhonnête**
- [2]**tortueux, crochu**

CROÈRE, v. tr. — vx fr. —

Voir CRAIRE.

CROSSING, n. m. — anglic. —

Dépassez le crossing puis tournez à droite.

- **passage à niveau**

CROW-BAR, n. m. — anglic. —

J'ai soulevé le poteau avec le crow-bar.

- **pince à levier, levier, pied-de-biche**

CROWD, n. f. — anglic. —

Il y avait une grosse crowd pour protester.

- **foule, multitude**

CRU, adj. — vx fr. —

Il fait cru aujourd'hui.

- **froid et humide en parlant du temps**

CUILLER À TABLE, n. f. — can. —

La recette demande deux cuillers à table de farine.

- **cuiller à potage**

CULOTTES, n. f. pl. — can. —

C'était mal vu pour une femme de porter des culottes au travail.

- **pantalon**

CURVE, n. f. ou m. — vx fr. —

Il a manqué la curve puis il est entré dans le fossé.

- **courbe**

CUSTARD, n. f. ou m. — anglic. —

J'ai préparé de la custard pour le souper.

- **crème anglaise**

CUTTER, n. m. — anglic. —

Mon ami venait me chercher en cutter.

- **voiture d'hiver à un seul siège sur patins, tirée par un seul cheval**

D

D'ABORD, conj.[1] ou loc. adv.[2] — dial. fr. —

D'abord[1] qu'il ne veut pas y aller, on va rester.
Je n'y vais pas d'abord[2].

- **[1]puisque**
- **[2]alors, en ce cas**

DAM, n. f. ou m. — anglic.: dam —

Ils ont bâti une grosse dam sur la rivière.

- **barrage, digue**

DASH **(DE LA VOITURE),** n. m. — anglic.: dash board —

Tes gants sont sur le dash.

- **tableau de bord**

DEAL, n. m. — anglic. —

J'ai fait un bon deal en achetant cette voiture.

- **marché, transaction, affaire**

48

DÉBARBOUILLETTE, n. f. — can. —

Prends une débarbouillette pour te laver.

- **petite serviette de toilette**

DÉBARRER, v. tr. — can. du fr.: enlever la barre qui tient fermé —

J'ai oublié ma clef; je ne peux pas débarrer la porte.

- **ouvrir une serrure, une valise, une porte fermée à clef**

DÉBOURRER, v. intr. — can. du fr.: sortir de la bourre —

Il a débourré en vitesse.

- **s'en aller, partir**

DÉGÊNER, v. tr. — can. du fr.: tirer de la gêne, des embarras d'argent —

Je lui ai donné un verre pour le dégêner.

- **mettre à l'aise**

DÉLIVRER, v. tr. — anglic.: to deliver —

Le magasin nous délivre les épiceries à la maison.

- **livrer**

DÉMÊLER, v. tr. — dial. fr. —

Démêle la farine avec de l'eau.

- **mêler, mélanger en délayant**

DE MÊME, loc. adj. — vx fr. —

Il ne faut pas partir par un temps de même.

- **semblable, pareil**

DENNER, v. tr. — dial. fr. —

Il m'a denné une plume.

- **donner**

DÉPAREILLÉ, adj. — can.

Il a une maison dépareillée.

● **sans pareil, incomparable**

DÉPARTEMENT, n. m. — anglic: department —

J'ai trouvé ça dans le département des bijoux.

● **rayon, service, comptoir**

DÉPETNAILLÉ, adj. — can. —

Les jeunes d'aujourd'hui sont tout dépetnaillés.

● **mal vêtu, dépenaillé**

DÉPLOGUER, v. tr. — anglic.: to unplug —

Déplogue le grille-pain.

● **débrancher**

DÉPRESSÉ, adj. — anglic.: depressed —

Il est bien dépressé depuis sa dernière maladie.

● **déprimé**

DÉSENNUI, n. m. — can. du fr.: désennuyer —

On regarde la télévision; c'est un désennui.

● **passe-temps, divertissement**

DÉSETTLER, v. tr. — anglic.: unsettle —

L'horloge est désettlée.

● **dérégler**

DÉSHABILLER, v. pr. — can. —

Voulez-vous vous déshabiller un moment?

● **enlever son chapeau, son manteau en arrivant dans une maison**

DESSEIN (SANS), loc. nom. — can. du fr.: sans but, sans volonté —

Il est incapable de travailler; c'est un sans dessein.

- **sans initiative, maladroit, niais**

DESSOUR, prép. — dial. fr. —

Voir DESSOUS.

DESSOUS, prép. — vx fr. —

Regarde dessous la table.

- **sous**

DESSUS, prép. — vx fr. —

Mets les plats dessus la table.

- **sur**

DÉSTOQUER, v. tr. ou pr. — anglic.: to stuck —

Ils nous ont aidés à déstoquer la voiture.

- **déprendre, dépanner**

DÉTASSER, v. tr. ou pr. — vx fr.: se disperser, s'écarter —

Détasse donc les chaises un peu.

- **espacer, cesser de se serrer les uns contre les autres**

DÉVIANDER (SE), v. pr. — dial. fr.: déguerpir —

Elle s'est déviandée pour ses enfants.

- **se donner du mal, se démener**

DÉVOUSSE, loc. adv. — can. —

Dévousse que tu vas?

- **où est-ce**

DIÈTE (SUR LA), n. f. — anglic.: on a diet —

Êtes-vous sur la diète?

- **à la diète, au régime**

DIGÉRABLE, adj. — vx fr. —

Ce pâté-là n'est pas digérable.

- **digestible**

DIMER (LES PHARES D'UNE VOITURE), v. tr. — anglic.: to dim —

Quand on rencontre une voiture, on doit dimer les phares.

- **mettre en code, en feu de croisement**

DIPPER, n. m. — anglic. —

On buvait tous dans le même dipper.

- **grande tasse à manche qui sert à puiser de l'eau dans un sceau**

DISCOMPTE, n. m. — vx fr. et anglic.: discount —

Parce que j'ai payé comptant; j'ai eu un discompte.

- **escompte, rabais**

DISCONNECTER, v. tr. — anglic.: disconnect —

Il faut disconnecter le fil électrique.

- **débrancher, disjoindre**

DISEZ, v. tr., ind. prés., 2e pers. du pl. — vx fr. —

Qu'est-ce que vous disez?

- **dites**

DITCH, n. f. — anglic. —

La voiture est allée dans la ditch.

- **fossé (m.)**

DIVINER, v. tr. — vx fr. —

Tu peux diviner la réponse.

- **deviner**

DOMPE, n. f. — anglic.: dump —

On a apporté nos vidanges à la dompe.

• **dépotoir**

DOMPER, v. tr. — anglic.: to dump —

Son ami l'a dompé[1].
On a dompé[2] la charge près de la maison.

• [1]**laisser, quitter, abandonner**
• [2]**vider, décharger**

DÔPE, n. f. — anglic. —

C'est illégal de vendre de la dôpe.

• **drogue**

DOUBLE-CHÂSSIS, n. m. — can. du fr.: deux châssis mis dans une même croisée —

En hiver, il faut mettre les doubles-châssis.

• **contre-fenêtre**

DOUCINE, n. f. — can. —

Ma mère faisait de bonnes doucines.

• **sorte de beignet fait de pâte à pain.**

DRESSER, n. m. — anglic. —

Range ton linge dans le dresser.

• **commode**

DRETTE, adj. ou adv. — vx fr. —

Le magasin est drette devant vous.

• **droit**

DRILL, n. m. — anglic. —

Les enfants ont besoin de beaucoup de drills de grammaire.

• **exercice**

DRINK, n. m. — anglic. —

Voudrais-tu avoir un drink?

- **un verre, une boisson, quelque chose à boire**

DRIVER, n. m. — anglic. —

Mon mari est un bon driver.

- **conducteur, chauffeur**

DRIVER, v. tr. ou intr. — anglic.: to drive —

On a drivé toute la nuit.

- **conduire**

DRIVE-WAY, n. m. — anglic. —

Stationne ta voiture dans le drive-way.

- **entrée, voie de garage**

DRYER, n. m. — anglic. —

Un dryer c'est commode; on n'a plus besoin d'étendre le linge sur la corde.

- **séchoir, sécheuse**

DULL, adj. — anglic. —

Ça fait trois jours que c'est dull.

- **le temps est maussade, il fait gris**

E

EAR PLUGS, n. f. ou m. — anglic. —

Je m'étais mis des ear plugs pour ne pas entendre le bruit.

- **boules Quies (marque déposée), petite boule de cire qu'on se met dans les oreilles pour s'isoler du bruit**

ÉCAILLE, n. f. — vx fr.: escaille (enveloppe de certains fruits) —

Jette les écailles des pois.

- **gousse, cosse**

ÉCARTER, v. tr. ou pr. — vx fr. —

Je me suis écarté dans le magasin.

- **égarer, perdre**

ÉCHAPE, n. f. — can. —

Je me suis planté une échape dans le doigt.

- **écharde**

ÉCHAROGNER, v. tr. — vx fr.: escharogner (écorcher) —

Le chien a tout écharogné mon manteau.

- **déchiqueter, mettre en lambeaux, déchirer**

ÉCHIFFER, v. tr. — can. —

Ma robe est toute échiffée.

- **effilocher**

ÉCOLLETÉ, adj. — vx fr. —

Elle porte toujours des robes écolletées.

- **décolleté**

ÉCOPEAU, n. m. — vx fr.: escopeau —

On partait le feu avec des écopeaux.

- **copeau**

ÉCORNIFLER, v. intr. — dial. fr. —

Il vient toujours écornifler chez nous.

- **regarder et écouter avec curiosité, chercher à savoir ce qui se passe, ce qui se dit**

ÉCOSSE, n. f. — vx fr. —
Voir ÉCAILLE.

ÉCRAPOUTIR, v. tr. — vx fr.: escrapoutir —
Il aimait ça écrapoutir les autres.
- **écraser, aplatir, écrabouiller**

ÉCUREUX, n. m. — vx fr.: escurieu —
On a dompté les écureux.
- **écureuil**

ÉDITEUR, n. m. — anglic.: editor —
Nous avons un nouvel éditeur de journal.
- **rédacteur**

ÉFALÉ, adj. — dial. fr.: effaler —
Elle a une blouse tout éfalée.
- **décolleté**

ÉGOUSILLER (S'), v. pron. — dial. fr. —
Il s'égousille à chanter.
- **s'égosiller**

ÉGOUSSER, v. tr. — vx fr. —
Les enfants nous aident à égousser les pois.
- **écosser**

ÉGRAFIGNURE, n. f. — vx fr. —
Il s'est fait une égrafignure au menton.
- **égratignure**

ÉGRANDIR, v. tr. — vx fr.: esgrandir —
Il faut égrandir la maison.
- **agrandir**

ÉJARRER (S'), v. pr. — dial. fr. —

Elle s'est éjarée sur le sofa.

- **écarter les jambes, tomber en écartant les jambes**

ÉLÉVATEUR, n. m. — anglic.: elevator —

Veux-tu prendre l'élévateur ou préfères-tu marcher?

- **ascenseur**

EMBARRER, v. tr. ou pron. — can. du fr.: enfermer avec des barres —

Il s'est embarré dans sa chambre.

- **enfermer à clé**

EMERGENCY, n. f. ou m. — anglic. —

Il se sentait mal, alors on l'a conduit à l'emergency de l'hôpital.

- **urgence**

EMMÊLER, v. tr. — vx fr.: emmeslé —

Il est tout emmêlé dans ses calculs.

- **mêler, embrouiller**

EMMOURACHER (S'), v. pr. — dial. fr. —

Il s'est emmouraché d'une fille bien plus jeune que lui.

- **s'amouracher**

EMPÂTÉ, adj. — can. —

Il est bien trop empâté pour enseigner.

- **lourd, maladroit, sans initiative, empoté**

EMPHASE, n. f. — anglic.: emphasis —

Il faut mettre de l'emphase sur ce point-là.

- **accent, insistance**

EMPRÊTER, v. tr. — vx fr. —

Il m'a emprêté cinq dollars.

- **emprunter**

ENCABANER (S'), v. pr. — vx fr.: emprisonner —

Il s'encabane tout l'hiver dans sa maison.

- **se renfermer**

ENCAN, n. m. — can. —

Ils ont fait un encan puis ils sont partis rester en ville.

- **vente à l'encan, aux enchères**

ENCANTEUR, n. m. — vx fr. —

L'encanteur fait une commission de dix pour cent.

- **commissaire-priseur, celui qui vend à l'encan**

ENFARGER, v. tr. et pr. — vx fr. —

Elle s'est enfargée dans les pattes de la table.

- **embarrasser, accrocher**

ENFIROUÂPER, v. tr. — can. — de l'angl.: in fur wrapped —

Le voisin l'a enfirouâpé. Il a perdu tout son argent.

- **tromper, jouer**

ENGAGÉ, n. m. — can. du fr.: engagé-soldat qui a contracté un engagement volontaire —

On avait trois engagés pour les récoltes.

- **serviteur, domestique**

ENGIN, n. m. — anglic.: engine —

L'engin est fini. Il faut s'acheter une autre voiture.

- **moteur**

ENTERTENIR, v. tr. — dial. fr. —
Il faut entertenir les visiteurs.
- **entretenir**

ENTOMER, v. tr. — dial. fr. —
On va entomer une autre bouteille de vin.
- **entamer**

ENTOUR, adv. et prép. — vx fr. —
Il est entour de midi.
- **environ, à peu près**

ENVALER, v. tr. — dial. fr. —
Je lui ai fait envaler ses mots.
- **avaler**

ENVLIMER, v. tr. — vx fr.: envelimer —
Il veut toujours envlimer les choses.
- **envenimer, aggraver, empoisonner**

ENVOIRAI, v. tr., fut. simple, 1ère pers. du s. — vx fr. —
Je vous envoirai ma photo.
- **enverrai**

ESCALATEUR, n. m. — anglic.: escalator —
On peut prendre l'escalateur au lieu de l'ascenseur.
- **escalier mécanique**

ESCOUER, v. tr. — vx fr. —
Va t'escouer dehors.
- **secouer**

ESCOUSSE, n. f. — dial. fr. —
Après une escousse, il est revenu.
- **un instant, un certain temps**

ESSUER, v. tr. — can. —
Voir ESSUIR.

ESSUIR, v. tr. — can. —
Viens essuir la vaisselle.
- **essuyer**

ÉTIRÉ, adj. — dial. fr. —
Il a le visage tout étiré; il doit être fatigué.
- **tiré**

ÉTRÈTE, adj. — vx fr. —
Le trou était bien étrète.
- **étroit**

ÉTRIVER, v. tr. — dial. fr. —
Il n'arrête pas d'étriver son frère.
- **taquiner, agacer**

ÉVACHER (S'), v. pron. — vx fr.: s'avachir —
Il s'est évaché sur le sofa.
- **s'étendre paresseusement**

ÉVENTUELLEMENT, adv. — anglic.: eventually —
Éventuellement, il est revenu.
- **finalement, un jour**

EXCITEMENT, n. m. — anglic. —
Il y a eu tout un excitement dans la classe.
- **excitation, énervement**

EXHIBITION, n. f. — anglic. —
Il y a une belle exhibition de peintures au Centre culturel.
- **exposition**

EXPÉRIMENT, n. m. — anglic. —
On va au laboratoire faire un expériment.

- **expérience**

EXPLODER, v. intr. — anglic.: to explode —
Une bombe a explodé dans la gare.

- **exploser**

F

FACER, v. tr. — anglic.: to face —
Il n'est pas capable de facer ses problèmes.

- **faire face à**

FACTRIE, n. f. — anglic.: factory —
Il y a une grosse factrie près d'ici.

- **manufacture, usine**

FAILLIR, v. tr. — anglic.: to fail —
J'ai failli mon examen.

- **échouer à**

FAIR, adj. — anglic. —
C'est pas fair. Je méritais une note plus haute.

- **juste, équitable**

FAIRE CERTAIN, loc. verb. — anglic.: to make certain —
Fais certain de venir me voir.

- **s'assurer**

FAIRE GROS, loc. verb. — can. —

Ça lui fait gros d'avoir perdu son enfant.

- **affecter beaucoup**

FAIRE SÛR, loc. verb. — anglic.: to make sure —

Il faut faire sûr d'avoir du bois pour l'hiver.

- **s'assurer**

FAISEZ, v. tr., ind. prés., 2e pers. du pl. — dial. fr. —

Vous faisez du beau travail.

- **faites**

FAKE, n. m. — anglic. —

Cette peinture-là est un fake.

- **faux**

FALE, n. f. — vx fr. —

Elle a la fale à l'air.

- **poitrine, gorge**

FALUETTE, adj. — dial. fr.: feluet —

Son enfant est pas mal faluette.

- **faible de santé, chétif**

FAN, n. m. — anglic. —

Quand il fait trop chaud, on fait partir le fan.

- **ventilateur, éventail**

FATIQUER, v. tr. — dial. fr. —

Il est toujours fatiqué.

- **fatiguer**

FÈVE, n. f. — vx fr.: fêve de haricot —

On a six belles rangées de fèves dans le jardin.

- **haricot**

FIABLE, adj. — vx fr. —

C'est un garçon bien fiable.

• **digne de confiance**

FIGHT, n. f. — anglic. —

Il y a une grosse fight dans la paroisse.

• **bagarre**

FIGURER, v. tr. — anglic.: to figure —

Je figure avoir une bonne récolte cette année.

• **compter, penser, escompter**

FILER, v. intr. — anglic.: to feel —

Je file bien ce matin.

• **se sentir**

FILLING, n. m. — anglic. —

Le dentiste m'a posé deux fillings.

• **plombage**

FIT, n. f. — anglic. —

Elle a fait une fit.

• **crise de nerfs**

FITER, v. tr. — anglic.: to fit —

J'ai été faire fiter ma robe.

• **ajuster**

FLAMBE, n. f. — vx fr. —

On s'éclairait à la flambe de la chandelle.

• **flamme**

FLÂNEUX, n. m. et adj. — dial. fr. —

Les jeunes sont bien flâneux.

• **flâneur, paresseux**

FLASQUE, n. m. — vx fr. et anglic.: flask —

On a bu un petit flasque de whisky.

- **flacon**

FLAT, n. m.[1] ou adj.[2] — anglic. —

On a un flat[1] chaque fois qu'on sort avec la voiture.
J'aime mieux avoir une couleur flat[2] dans la cuisine.

- **[1]crevaison**
- **[2]mat**

FLAUBER, v. tr. — vx fr.: battre —

Il a flaubé sa fortune dans deux mois.

- **dépenser rapidement**

FLEUR, n. f. — anglic.: flour ou du fr.: fleur de farine —

J'emploie un peu de fleur pour faire la sauce.

- **farine**

FLOOD, n. f. — anglic. —

Durant la flood de 1950, on a dû évacuer.

- **inondation**

FLOU, n. m. — anglic.: flu —

On a eu le flou tout l'hiver.

- **grippe**

FLOUQUE, n. f. — anglic.: fluke —

Il a eu de la flouque. Il a gagné la partie de cartes.

- **chance**

FLUSH, adj. — anglic. —

C'est un gars bien flush avec ses amis.

- **généreux**

FLUSHER, v. tr. — anglic.: to flush —

N'oublie pas de flusher la toilette.

- **tirer la chasse d'eau**

FOAM, n. m. — anglic. —

Ils ont isolé leur maison avec du foam.

- **mousse**

FOREMAN, n. m. — anglic. —

Mon mari est foreman depuis dix ans.

- **contremaître**

FORT, n. m. — can. —

On a pris un petit coup de fort.

- **boisson forte en alcool: whisky, gin, rhum**

FOURNAISE, n. f. — can. du fr.: grand four où brûle un feu violent —

On a une fournaise à l'huile à vendre.

- **appareil de chauffage composé d'un foyer qui brûle du bois, du charbon, de l'huile ou du gaz**

FOURNI, adj.   anglic.: furnished —

J'ai un appartement fourni.

- **meublé**

FRAME, n. m. — anglic. —

Le frame de la porte est tout abîmé.

- **cadre, charpente, châssis**

FREE, adj.[1] ou adv.[2] — anglic. —

Tout ce qui est free[1] ne vaut pas grand'chose.
Ils nous ont laissés entrer free[2].

- **[1]gratuit**
- **[2]gratis**

FREEZER, n. m. — anglic. —

Depuis qu'on a un freezer, on ne fait plus de conserves.

● **congélateur**

FREIGHT, n. m. — anglic. —

Au temps de la dépression, certains chômeurs essayaient de voyager sur le freight.

● **wagon de marchandises, cargaison, transport**

FRÊME, n. m. — can. —

Voir FRAME.

FRÈTE, n. m. et adj. — vx fr. —

Il fait frète ce matin.

● **froid**

FRIDGE, n. m. — anglic. —

Le fridge a été une des plus grandes commodités pour les fermiers.

● **réfrigérateur**

FRIPE (TOMBER SUR LA), loc. verb. — can. du fr.: tomber sur la friperie de quelqu'un, se jeter sur lui pour le battre —

Il m'a tombé sur la fripe parce que j'étais en retard au travail.

● **se jeter sur quelqu'un pour le maltraiter en paroles**

FUDGE, n. m. — anglic. —

Le fudge, c'est le bonbon que les enfants préfèrent.

● **fondant**

FUN, n.m. — anglic. —

On a eu bien du fun hier soir.

● **plaisir**

FUSE, n. f. — anglic. —

La fuse est brûlée.

- **fusible**

FUSSY, adj. — anglic. —

Il ne mange pas n'importe quoi; il est bien fussy.

- **difficile, méticuleux**

G

GADELLE, n. f. — vx fr. —

Ma mère faisait de la bonne gelée aux gadelles.

- **petite groseille à grappes**

GALE, n. f. — vx fr. —

N'enlève pas ta gale; attends que la plaie guérisse.

- **escarre, croûte formée sur la peau par le pus d'une plaie, d'une écorchure**

GALIPOTE (COURIR LA), loc. verb. — dial. fr. —

Il a passé sa jeunesse à courir la galipote.

- **courailler, fréquenter les lieux dits de mauvaise réputation**

GALVAUDER, v. intr. — dial. fr. —

Il a galvaudé pendant toutes les vacances.

- **vagabonder, rôder**

GAMBLE, n. m. — anglic. —

J'ai pris un gamble puis j'ai perdu ma propriété.

- **risque**

GAMBLER, n. m. — anglic. —

Un fermier, c'est un gambler.

● **joueur, celui qui aime prendre des risques**

GAMBLER, v. intr. — anglic.: to gamble —

J'ai gamblé hier soir et j'ai perdu trente dollars.

● **jouer à l'argent, prendre des risques**

GAME, adj.[1] et n. f.[2] — anglic. —

Es-tu game[1] de venir avec moi?
On a joué une game[2] de cartes.

● **[1]consentant, prêt**

● **[2]partie, jeu**

GANG, n. f. — anglic. —

On est parti toute la gang ensemble.

● **bande, groupe**

GARBAGE, n. m. — anglic. —

Il faut jeter tout ça au garbage.

● **ordures, déchets**

GARNIR (UN GÂTEAU), v. tr. — can. du fr.: orner, agrémenter —

Avec quoi vas-tu garnir le gâteau?

● **décorer**

GARROCHER, v. tr. — dial. fr. —

Garroche-moi ton crayon.

● **lancer (quelque chose avec la main)**

GASPILLE, n. m. — dial. fr. —

Vous devriez voir tout le manger qu'on a jeté; c'est un vrai gaspille.

● **gaspillage**

GAZ, n. m. — anglic.: gas —

Je n'ai plus de gaz dans la voiture.

- **essence**

GAZÉ, adj. — can. du fr.: intoxiqué par les gaz du combat —

Occupe-toi pas de lui, il est gazé.

- **bizarre, singulier**

GEAR, n. f. — anglic. —

Mets la voiture en deuxième gear[1].
La gear[2] est brisée.

- **[1]vitesse**
- **[2]roue d'engrenage**

GELER, v. tr. — anglic.: freeze —

Le dentiste a dû lui geler la dent pour l'arracher.

- **insensibiliser, anesthésier**

GIGAILLER, v. intr. — dial. fr.: s'ébattre, s'agiter —

Il passe sa nuit à gigailler dans le lit.

- **gigoter**

GIMMICK, n. f. ou m. — anglic. —

C'est une gimmick pour nous vendre des assurances.

- **truc, gadget**

GOAL, n. m. — anglic. —

Les Canadiens ont fait deux goals.

- **but**

GOALER, n. m. — anglic.: goaly —

Le goaler a reçu la rondelle en plein front.

- **gardien de but**

GOPHER, n. m. — anglic. —

Notre terre est pleine de trous de gophers.

- **petit mammifère fouisseur des prairies de l'Ouest.**

GORGOTON, n. m. — dial. fr. —

J'ai un os pris dans le gorgoton.

- **gorge, gosier**

GOULOT, n. m. — dial. fr. —

Il s'est rempli le goulot.

- **gosier**

GRADE, n. m. — anglic. —

Il est dans le grade trois.

- **niveau, année scolaire**

GRADUATION, n. f. — anglic. —

À la fin de la douzième année, on a eu une belle graduation.

- **cérémonie de collation des diplômes**

GRADUÉ, adj. — anglic.: graduate —

Il est gradué de l'Université du Manitoba.

- **diplômé**

GRAFIGNER, v. tr. — vx fr. —

Les enfants ont tout grafigné le meuble.

- **égratigner, érafler, griffer**

GRAFIGNURE, n. f. — dial. fr. —

Voir ÉGRAFIGNURE.

GRANT, n. m. — anglic. —

Notre organisme a reçu un grant du gouvernement.

- **octroi, subvention**

GRATTEUX, adj. ou n. m. — can. —

Mon grand-père était bien gratteux.

- **avare**

GRAVELLE, n. f. — anglic.: gravel —

Nous avions seulement des chemins de gravelle.

- **gravier**

GRÉYER (SE), v. pr. — dial. fr. —

On va se gréyer[1] de cent vaches.
Grèye-toi[2] puis viens avec moi.

- **[1]gréer, équiper, acheter**
- **[2]se préparer, s'habiller**

GRICHER, v. intr. — dial. fr. —

Il griche des dents.

- **grincer**

GRINCHER, v. intr. — vx fr. —

Voir GRICHER.

GROBE, n. f. — anglic.: grub —

À la maison, il y avait toujours de la bonne grobe.

- **nourriture, aliments**

GROBO, n. m. — anglic.: grub-hoe —

On a défriché notre terre au grobo.

- **instrument qui sert à arracher les racines, pioche à pic**

GROCERIES, n. f. — anglic. —

Il est parti chercher des groceries.

- **épiceries**

GROS, adv. — can. —

Il y avait gros de monde.

- **beaucoup**

GUESSER, v. tr. — anglic.: to guess —

Il faut guesser la réponse.

- **deviner**

GUETTER (SE), v. pr. — dial. fr. —

Il fallait se guetter parce que l'inspecteur était contre le français.

- **se tenir sur ses gardes, se surveiller**

GUMBO, n. m. — anglic. —

Près de la Rouge c'est du gumbo partout.

- **terre glaise**

GUTS, n. m. — anglic. —

Ça prenait des guts pour grimper la montagne.

- **audace, courage**

H

HALL, n. f. — anglic. —

Il y a une danse à la hall communautaire tous les samedis soirs.

- **salle**

HAM, n. m. — anglic. —

Pour déjeuner, on nous a servi des oeufs au ham.

- **jambon**

HANGER, n. m. — anglic. —

Voici un hanger pour votre veste.

- **cintre, porte-manteau**

HARDWARE, n. m. — anglic. —

Tu vas trouver ce genre de scie au hardware.

- **quincaillerie**

HARSE, n. f. — dial. fr. —

Avant de semer on passe la harse.

- **herse**

HÂLER, v. tr. — anglic.: to haul —

Il faut hâler le grain jusqu'au village.

- **charroyer, transporter**

HEADLINE, n. m. — anglic. —

C'est un scandale qui a fait les headlines.

- **manchettes**

HEAVY-WEIGHT, n. m. — anglic. —

Il était champion heavy-weight.

- **poids lourd**

HIGHWAY, n. m. — anglic. —

Le highway passe tout près de chez nous.

- **grande route**

HIJACKER, n. m. — anglic.

Les hijackers ont relâché les ôtages.

- **pirates de l'air**

HIJACKING, n. m. — anglic. —

Depuis des années, il y a des hijackings d'avions presque tous les jours.

- **détournement**

HINT, n. m. — anglic. —

Il m'a envoyé un hint qu'il avait besoin d'argent.

● **faire allusion au fait que, faire comprendre**

HIT, n. m. — anglic. —

Chaque fois qu'il va au baton, c'est un hit.

● **beau coup, coup réussi**

HOBBY, n. m. — anglic. —

Son hobby préféré est la pêche.

● **passe-temps**

HOME-BREW, n. m. — anglic. —

C'est défendu de faire du home-brew.

● **alcool fait à la maison**

HORA, interj. — can. de l'anglais: hurry —

Hora! Dépêchez-vous!

● **allons**

HOSE, n. f. — anglic. —

Prends la hose pour arroser le jardin.

● **tuyau d'arrosage, boyau**

HUB CAP, n. m. — anglic. —

Il manque des hub caps aux roues arrière de la voiture.

● **enjoliveur**

HUMMER, v. tr. — anglic.: to hum —

Quand on ne connaît pas les mots, on humme la chanson.

● **vocaliser à bouche fermée**

I

I, pr. pers. — vx fr. —

I ont dit qu'ils viendraient.

- **Il, ils**

IÂB, n. m. — dial. fr. —

On va tous aller chez l'iâb.

- **diable**

ICI, adv. — vx fr. —

Cette fois ici, je vais avec toi.

- **ci**

ICING, n. m. — anglic. —

On met parfois de l'icing au chocolat sur le gâteau.

- **glaçage**

ICITTE, adv. — vx fr. —

Viens icitte.

- **ici**

IMPASSABLE, adj. — vx fr. —

En hiver, le chemin est impassable.

- **impraticable, difficile**

IMPROUVEMENT, n. m. — anglic.: improvement —

On a fait des improuvements à la maison.

- **amélioration**

INSÉCURE, adj. — anglic.: insecure —

Il se sent insécure dans son emploi.

- **souffre d'insécurité, incertain**

INSTANT, adj. — anglic. —

Du café instant, c'est facile à préparer le matin.

- **instantané**

INSULATION, n. f. — anglic. —

On a fait mettre de l'insulation dans les murs de la maison.

- **isolation**

INTERCOM, n.m. — anglic. —

Le directeur m'a appelé à l'intercom.

- **interphone**

INTERMISSION, n. f. — anglic. —

Pendant l'intermission, nous avons rencontré les comédiens.

- **entracte**

INTRODUIRE, v. tr. — anglic. — to introduce —

J'aimerais introduire le président.

- **présenter**

INVESTER, v. tr. — anglic.: to invest —

Il voulait invester une grosse somme d'argent dans un commerce.

- **investir**

IOÙ, adv. — dial. fr. —

Ioù est-ce que tu vas?

- **où**

ITOU, adv. — vx fr. —

Lui itou va venir.

- **aussi**

J

JACK, n. m. — anglic. —

Passe-moi le jack pour soulever le char.

● cric

JACKER, v. tr. — anglic.: to jack up —

Il faut jacker la voiture pour changer le pneu.

● soulever avec un cric

JACKET, n. m. — anglic. —

Il porte un beau jacket bleu.

● blouson, coupe-vent

JACK-RABBIT, n. m. — anglic. —

Il court comme un jack-rabbit.

● lièvre des bois

JAM, n. f. — anglic. —

J'aime bien la jam aux fraises.

● confiture, gelée

JAMMÉ, part. passé — anglic.: jammed —

La porte de la voiture est jammée.

● coincé, bloqué

JAR, n. m. — anglic. —

J'ai fait trente jars de confitures.

● bocal (bocaux)

JARNIGOINE, n. f. — can. —

Sers-toi un peu de ta jarnigoine.

● intelligence, débrouillardise

JET, n. m. — anglic. —

Il a vu un jet dans le ciel.

- **avion à réaction**

JOB, n. f. — anglic. —

Il a perdu sa job.

- **emploi, travail**

JOINDRE, v. tr. — anglic.: to join —

J'ai joint le comité pour faire élire notre candidat.

- **devenir membre de**

JOKE, n. f. — anglic. —

Il a toujours une bonne joke à nous raconter.

- **farce, blague, plaisanterie**

JONGLER, v. intr. — can. —

J'ai jonglé à mon affaire puis j'ai changé d'idée.

- **penser, réfléchir**

JONGLEUX, adj. — can. —

Depuis la mort de sa femme, il est pas mal jongleux.

- **songeur**

JOUAL (JOUAUX), n. — can. —

Il se rend encore au village avec son vieux joual.

- **cheval, chevaux**

JOUQUER, v. tr., intr. ou pr. — vx fr. —

Le jeune était jouqué en haut de l'échelle.

- **jucher, se jucher; percher, placer**

JOUSENT, v. intr. — dial. fr. —

Ils jousent toujours ensemble.

- **jouent**

JUILLE, n. f. — dial. fr. —

Je me suis tordu la juille du pied gauche.

- **cheville**

JUILLETTE, n. m. — vx fr. —

J'irai au mois de juillette.

- **juillet**

JUNK, n. m. — anglic. —

Il n'y avait que du junk à l'encan.

- **camelote, rebut, déchet**

JUSQU'À TANT QUE, loc. conj. — vx fr. —

Il restera à l'hôpital jusqu'à tant qu'il soit guéri.

- **jusqu'à ce que**

JUSQU'OÙ CE QUE, loc. adv. — dial. fr. —

Jusqu'où ce que tu vas?

- **jusqu'où vas-tu?**

K

KICKER, v. tr.[1] ou intr.[2] — anglic.: to kick —

Il faut kicker[1] la balle.
Il est toujours en train de kicker[2].

- **[1]donner un coup de pied à**
- **[2]critiquer, protester**

KINDERGARTEN, n. m. — anglic. —

Ma fille de cinq ans va au kindergarten.

- **jardin d'enfants**

KING-SIZE, adj. — anglic. —

Il achète toujours des cigarettes king-size.

- **grand format**

KIT, n. m. — anglic. —

Il avait des outils à vendre. J'ai eu tout le kit pour cent dollars.

- **équipement, bagage, trousse**

L

LA CELLE, LES CELLES, pron. dém. f. — dial. fr. —

C'est la celle que je préfère.

- **celle, celles**

LANE, n. f. — anglic. —

Vous n'avez pas le droit de stationner dans la lane.

- **ruelle**

LASTIQUE, n. m. — dial. fr. —

J'ai acheté des bretelles en lastique.

- **élastique**

LAWN, n. m. — anglic. —

Le lawn est couvert de pissenlits.

- **pelouse, gazon**

LAWN-MOWER, n. m. — anglic. —

J'ai un lawn-mower électrique.

- **tondeuse**

LECTURE, n. f. — anglic. —

Le professeur a donné trois lectures sur le sujet.

- **conférence, cours**

LES CEUX, pron. dém. pl. — dial. fr. —

J'ai vu les ceux que tu as achetés.

- **ceux**

LEUX, adj. poss. — dial. fr. —

Leux maison est bien belle.

- **leur, leurs**

LÉVIER, n. m. — dial. fr. —

On n'avait pas de lévier pour laver la vaisselle.

- **évier**

LICENCE (POUR CONDUIRE), n. f. — anglic. —

J'ai eu ma licence la semaine dernière.

- **permis de conduire**

LICHER, v. tr. — vx fr. —

Il est venu me licher pour avoir de l'argent.

- **lécher**

LIGNES, n. f. — anglic.: border lines —

On a trouvé les lignes sans difficulté.

- **frontières**

LIME, n. m. — anglic. —

Le lime est bien rafraîchissant.

- **jus de citron vert**

LIQUEUR, n. f. — anglic.: soft drink —

Aimeriez-vous avoir une liqueur douce comme du 7-up?

- **boisson gazeuse**

LISABLE, adj. — can. —

Ton travail n'est pas lisable.

- **lisible**

LISSI, n. m. — vx fr. —

Nos planchers de bois se lavaient au lissi.

- **potasse qu'on fait dissoudre dans l'eau pour lessiver le linge ou pour nettoyer le plancher**

LITE, n. m. — vx fr. —

On couchait à trois dans le même lite.

- **lit**

LIVRE DE TÉLÉPHONE, n. m. — anglic.: telephone book —

Son nom est dans le livre de téléphone.

- **annuaire du téléphone**

*LOAF***ER,** v. intr. — anglic.: to loaf —

Cet élève-là a loafé toute l'année.

- **flâner, ne rien faire**

LOBBY, n. m. — anglic. —

On s'est rencontré dans le lobby de l'hôtel.

- **vestibule**

LOBSTER, n. m. — anglic. —

Dans les Maritimes, le lobster est abondant.

- **homard**

LOCKER, n. m. — anglic. —

Les élèves ont tous un locker pour ranger leurs livres.

- **casier (métallique)**

LOGUE, n. f. — anglic. —

On avait construit une cabane en logues.

- **billot, bois long**

LONG-JEU, n. m. — anglic.: long-play

Je me suis acheté un long-jeu des plus belles chansons de Brel.

- **microsillon**

LONGUE-DISTANCE, n. m. ou adj. — anglic. —

J'aimerais faire un appel longue-distance à Paris.

- **interurbain**

LOUNGE, n. m. — anglic. —

Je vous attendrai dans le lounge de l'hôtel.

- **salon-bar**

LOUSSE, adj. — anglic: loose —

La corde est trop lousse.

- **pas serré, lâche**

LUCK, n. f. — anglic. —

J'ai toujours eu beaucoup de luck.

- **chance**

LUMIÈRE, n. f. — anglic.: light —

J'ai oublié d'arrêter à la lumière rouge.

- **feu de signalisation, de circulation**

LUNCH, n. m. — anglic. —

On avait toujours un bon lunch à l'école le midi.

- **goûter, repas léger**

LUNCHER, v. intr. — anglic.: to lunch —

Viens luncher avec moi au restaurant.

- **prendre un goûter, un repas léger**

LUQUÉMIE, n. f. — anglic. — leukaemia —

Le médecin lui a dit qu'elle avait la luquémie.

- **leucémie**

M

MÂ, aux. de temps (futur proche), suivi de l'inf., 1ère pers. du sing. — can. — altération de: je m'en vas. —

Mâ aller avec toi en ville.

- **je vais**

MÂCHÉ, part. passé — anglic.: mashed —

J'aime bien les patates mâchées.

- **écrasé, en purée**

MADAME, n. f. — dial. fr. —

Regarde la madame qui passe.

- **dame, femme**

MAGANER, v. tr. — vx fr. —

Ils ont magané[1] tous les meubles.
C'est un enfant bien magané[2].

- **[1]endommager, détériorer**
- **[2]maltraiter**

MAGASINER, v. intr. — can. —

Avant Noël, il faut aller magasiner.

- **faire des emplettes**

MAÎTRESSE D'ÉCOLE, n. f. — can. —

La maîtresse était bonne avec les enfants.

- **institutrice enseignante**

MAKE-UP, n. m. — anglic. —

Le make-up la rejeunit de vingt ans.

- **maquillage**

MAL, adj. — anglic.: wrong —

Sa réponse est mal.

- **incorrect, inexact, faux**

MALADRÈTE, adj. — dial. fr. —

Il est bien maladrète avec les machines.

- **maladroit**

MAL ATTELÉ, adj. — can. —

Depuis la mort de sa femme, il est bien mal attelé.

- **mal pris**

MALCOMMODE, adj. — dial. fr. —

Depuis qu'il est malade, il est bien malcommode.

- **peu endurant, difficile à endurer, d'humeur maussade**

MAL-EN-TRAIN, adj. — dial. fr. —

Je suis mal-en-train aujourd'hui.

- **indisposé, souffrant**

MALLE, n. f. — anglic.: mail —

On n'a pas eu de malle ce matin.

- **courrier**

MALLER, v. tr. — anglic.: to mail —

Oublie pas de maller ma lettre.

- **mettre à la poste**

MANAGER, n. m. — anglic. —

Je me suis plaint au manager.

- **gérant, directeur**

MAPPE, n. f. — vx fr. —

Tu vas trouver l'endroit sur la mappe.

- **carte géographique**

MARBE, n. m. — dial. fr. —

On a acheté une belle statue en marbe.

- **marbre**

MARIER, v. tr. — vx fr. —

Quand j'ai marié ma femme, elle était très jeune.

- **épouser**

MARISSE, v. pron. ou tr., subj. — can. —

Il ne faut pas qu'il se marisse trop jeune

- **marie**

MARMALADE, n. f. — dial. fr. —

Je préfère la marmalade d'oranges.

- **marmelade**

MARMONNER, v. tr. ou intr. — vx fr. —

Voir MORMONNER.

MASSE (EN), loc. adv. — dial. fr. —

Du monde, il y en avait en masse.

- **beaucoup, en grande quantité**

MATANTE, n. f. — can. — doublement du possessif —

Ma matante est sortie.

- **tante**

MATCHER, v. tr. — anglic. —

Il faut matcher les couleurs.

- **appareiller, assortir**

MATÉRIEL, n. m. — anglic.: material —

J'aime bien une robe en matériel léger.

- **tissu**

MATURE, adj. — anglic. —

À seize ans, on n'est pas encore mature.

- **mûr**

MÊLANT, adj. — vx fr. —

C'est pas mêlant; c'est un grand paressseux.

- **compliqué**

MELASSE, n. f. — vx fr. —

Il faut mettre de la melasse dans le gâteau.

- **mélasse**

MÊLER, v . tr. — vx fr. —

Tu es en train de me mêler avec cette histoire-là.

- **embrouiller**

MÉNUTE, n. f. — dial. fr. —

As-tu deux ménutes?

- **minute**

MÉQUE, loc. conj. — dial. fr. —

Méque tu reviennes, on fêtera ensemble.

- **lorsque**

MÉQUIER, n. m. — dial. fr. —

Il a le méquier de charpentier.

- **métier**

MESS, n. m. — anglic. —

Tu aurais dû voir quel mess il y avait dans sa chambre.

- **désordre**

METER, n. m. — anglic. —

Ils viennent lire notre meter tous les mois.

- **compteur à gaz, à eau**

MEURIR, v. intr. — vx fr. —

On a hâte de voir meurir les bleuets.

- **mûrir**

MEURTE, n. m. — dial. fr. —

Il y a trop de meurte à la télévision.

- **meurtre**

MIÂLER, v. intr. — dial. fr. —

Le chat miâle quand il veut rentrer dans la maison.

- **miauler**

MILLAGE, n. m. — anglic.: mileage —

Quel millage fais-tu au gallon?

- **kilométrage, distance en milles**

MINER, v. intr. — anglic.: to mine —

Ils ont miné pendant des années.

- **travailler dans les mines**

MINOUCHER, v. tr. — can. —

Il est en train de me minoucher pour obtenir une faveur.

- **flatter, amadouer, faire des caresses**

MINOUNE, n. f. — can. —

Notre vieille minoune nous tient compagnie.

- **chatte**

MIRÂQUE, n. m. — dial. fr. —

C'est un mirâque qu'il soit encore en vie après son accident.

- miracle

MISÈRE, n. f. — dial. fr. —

Il a de la misère à l'école.

- difficulté

MISTAKE, n. f. ou m. — anglic. —

C'est un mistake de ma part.

- erreur

MITAINE, n. f. — vx fr. —

J'ai une paire de mitaines neuves.

- moufle

MIXDEAL, n. m. — anglic.: misdeal —

Je vous ai donné trop de cartes, alors il y a un mixdeal.

- maldonne

MIXER, v. tr. — anglic.: to mix —

Il faut d'abord mixer la farine avec le lait.

- mêler, mélanger

M'MAN, n. f. — dial. fr. —

M'man était très bonne pour nous.

- maman

MOÉ, pron. pers. — vx fr. —

Moé, j'y vais.

- moi

MOIQUIÉ, n. f. — dial. fr. —

On a perdu la moiquié de notre argent.

- **moitié**

MONONCLE, n. m. — can. — doublement du possessif —

Mon mononcle est malade.

- **oncle**

MOODY, adj. — anglic. —

Je ne vais pas chez lui; il est moody aujourd'hui.

- **mal luné, de mauvaise humeur**

MOONSHINE, n. m. — anglic. —

Pendant la dépression, on se faisait du moonshine.

- **alcool distillé à la maison**

MOPPE, n. f. — anglic.: mop —

Lave le plancher avec la moppe.

- **vadrouille**

MOPPER, v. tr. — anglic.: to mop —

On moppe le plancher tous les samedis.

- **nettoyer, laver à la vadrouille**

MORDURE, n. f. — dial. fr. —

Elle a été empoisonnée par une mordure au bras.

- **morsure**

MORMONNER, v. tr. ou intr. — vx fr. —

Cesse de mormonner.

- **marmotter**

MORTGAGE, n. m. — anglic. —-

On a encore un gros mortgage sur la maison.

- **hypothèque**

MORTGAGER, v. tr. — anglic. —

Au temps de la dépression, il a fallu mortgager la terre.

- **hypothéquer**

MOTTON, n. m. — dial. fr. —

Le gruau est plein de mottons.

- **petite motte, petite masse de pâte, grumeau**

MOUILLER, v. impers. — dial. fr. —

Ça mouille à plein temps.

- **pleuvoir**

MOURU, part. passé, — dial. fr. —

Il a mouru à l'ouvrage.

- **mort (être)**

MOUVER, v. intr. — anglic.: to move —

On va mouver le mois prochain.

- **déménager, changer de logement**

MUFFIN, n. m. — anglic. —

Rien de tel que des muffins pour le déjeuner.

- **brioche, petit pain mollet**

MUFFLER, n. m. — anglic. —

Le muffler de la voiture est fini.

- **silencieux**

MUG, n. m. ou f. — anglic. —

Voulez-prendre votre café dans un mug?

- **choppe, grande tasse**

MUR À MUR, n. m. — anglic. —

Les enfants nous ont acheté un tapis mur à mur.

- **moquette**

N

NAPKIN, n. f. — anglic. —

Les enfants doivent apprendre à se servir de napkins.

- **serviette de table**

NAVEAU, n. m. — vx fr. —

Nous devions nous contenter de manger des naveaux.

- **navet**

NAVETTE, n. f. — can. —

Prends la navette pour laver la vaisselle.

- **lavette**

NAYER, v. tr. ou pron. — vx fr. —

Il s'est nayé dans le lac.

- **noyer**

NÈQUIOUQUE, n. m. — anglic.: neck yoke —

Le nèquiouque de bois s'est brisé.

- **porte-timon, joug vis-à-vis le poitrail des chevaux qui porte le timon de la voiture**

NÉTEYER, v. tr. — vx fr. —

On néteyait le plancher tous les jours.

- **nettoyer**

NIAISEUX, adj. ou n. m. —

Il est trop niaiseux pour réussir.

- **niais, naïf**

NIQUE, n. m. — can. —

Il y avait un beau nique de rouges-gorges.

- **nid**

NOTICE, n. f. — anglic. —

As-tu lu la notice sur la porte?

● **avis, affiche**

NOTIFIER, v. tr. — anglic.: to notify —

L'as-tu notifié que tu partais?

● **avertir, prévenir**

NUITE, n. f. — can. —

On a dansé toute la nuite.

● **nuit**

NURSE, n. f. — anglic. —

La nurse a bien pris soin de moi.

● **garde-malade, infirmière**

O

OBTIENDRE, v. tr. — dial. fr. —

Essaie d'obtiendre sa permission.

● **obtenir**

OFF **(ÊTRE),** adv. — anglic. —

Je suis off demain.

● **en congé**

OFFICE, n. m. ou f. — anglic. —

Le directeur m'a appelé à son office.

● **bureau**

OLD-FASHIONED, adj. — anglic. —

On est old-fashioned quand on vieillit.

● **vieux jeu, démodé**

ONC, n. m. — dial. fr. —

Mon onc est malade.

- oncle

OPÉRATEUR(TRICE), n. — anglic.: operator —

On n'a plus besoin de passer par l'opératrice pour un appel.

- téléphoniste

OPPORTUNITÉ, n. f. — anglic.: opportunity —

J'ai eu l'opportunité d'aller à Montréal.

- occasion

ORDER, v. tr. — anglic.: to order —

Après la récolte, on ordait tout notre linge d'hiver.

- commander

ORIER, n. m. ou f. — dial. fr. —

Nos oriers étaient faites de paille.

- oreiller.

ÔTER LA TABLE, v. tr. — vx fr. —

C'est le temps d'ôter la table.

- desservir la table, ôter le couvert

OUACHE, n. f. — dial. fr. —

Enfin, il est sorti de sa ouache.

- gîte, terrier

OÙ CÉ QUE, loc. adv. — dial. fr. —

Où cé que t'es allé?

- où est-ce que, où es-tu allé

OUÈRE, v. tr. — dial. fr. —

Viens me ouère demain.

- voir

OUÉSIN(E), n. — dial. fr. —

Notre ouésin est bien bon pour nous autres.

- **voisin(e)**

OUÈTE, n. f. — vx fr. —

Mets-toi de la ouète dans les oreilles.

- **ouate**

OUÉTURE, n. f. — dial. fr. —

On avait une ouéture à deux chevaux.

- **voiture**

OUÔ, interj. — dial. fr. —

Ouô! Ça va faire!

- **arrête**

OÙ QUE CÉ QUE, loc. adv. — dial. fr. —

Où que cé que t'as pris ça?

- **où est-ce que, où as-tu**

OUR, n. m. — vx fr. —

Ma mère a rencontré un our dans le bois.

- **ours**

OUT, adv. — anglic. —

Le frappeur est out.

- **hors-jeu**

OVERHAULER, v. tr. — anglic.: overhaul —

Il faut que je fasse overhauler ma voiture.

- **rajuster, remettre en état, faire la mise au point**

OVERALLS, n. m. ou f. pl. — anglic. —

Ses overalls sont propres.

- **salopettes**

OVERTIME, n. m. — anglic. —

J'ai fait trois heures d'overtime.

* **temps supplémentaire**

P

PACKSACK, n. m. — anglic. —

Il est parti pour les chantiers avec son packsack.

* **havresac**

PAMPHLET, n. m. — vx fr. ou angl. —

Tu pourras trouver les prières dans un petit pamphlet.

* **brochure, feuillet**

PANTALONS (UNE PAIRE DE), n. m. pl. — dial. fr. —

Elle porte une paire de pantalons bleus.

* **un pantalon**

PANTOUTE (PAS), loc. adv. — can. —

Il en a pas pantoute.

* **pas du tout**

PANTRY, n. f. — anglic. —

Il y a du gâteau dans la pantry.

* **garde-manger, dépense**

PAPIER, n. m. — anglic. —

On reçoit le papier tous les jours.

* **journal**

PAQUETER, v. tr. — anglic.: to pack —

On a paqueté nos valises puis on est parti.

* **remplir, faire**

PARADE, n. f. — anglic. —

J'ai vu la parade du festival.

- **défilé**

PAR APRÈS, loc. adv. — vx fr. —

On est allé à l'hôpital; par après on s'est rendu à la maison.

- **ensuite, après**

PARCHE, n. f. — dial. fr. —

Il se sert d'une parche pour pêcher.

- **perche**

PARDE, v. tr. — vx fr. —

Il faut pas parde le nord.

- **perdre**

PARÉ, adj. — vx fr. —

Je suis paré à partir.

- **prêt**

PAR EXPRÈS, loc. adv. — vx fr. —

Je ne l'ai pas fait par exprès.

- **exprès, à dessein**

PARKA, n. m. — anglic. —

Les enfants ont tous un bon parka.

- **manteau avec capuchon pour temps froid, anorak, canadienne**

PARKER, v. tr. ou intr. — anglic.: to park —

Il est défendu de parker dans la rue.

- **stationner**

PAR RAPPORT QUE, loc. conj. — dial. fr. —

Il n'est pas venu par rapport qu'il était malade.

- **parce que**

PARTANCE, n. f. — vx fr. —

L'héritage qu'ils ont reçu leur a donné une bonne partance.

- **départ**

PARTIR, v. tr. — anglic.: to start —

Mon père nous avait bien partis.

- **aider**

PARTNER, n. m. — anglic. —

Son partner lui a joué un mauvais tour.

- **partenaire, associé**

PART-TIME, adj. — anglic. —

Je travaille part-time.

- **à temps partiel**

PASSABLE, adj. — vx fr. —

Notre chemin n'est pas passable en hiver.

- **praticable**

PATCHER, v. tr. — anglic.: to patch —

J'ai patché son pantalon.

- **rapiécer, raccommoder**

PATENTER, v. tr. — anglic.: to patent —

Il a patenté une nouvelle semeuse.

- **inventer**

PAYER ATTENTION, v. tr. — anglic.: to pay attention —

Veux-tu bien payer attention à ce que je te dis!

- **faire attention**

PEANUT, n. f. — anglic. —

J'adore le beurre de peanut.

- **arachide**

PEINTURER, v. tr. ou intr. — vx fr. —

Son métier, c'est de peinturer les murs.

- **peindre (peinturer: peindre d'une façon grossière et maladroite)**

PEP, n. m. — anglic. —

Au jeu, il est plein de pep.

- **énergie**

PERMANENT, n. m. — can. —

Je me fais donner un permanent tous les six mois.

- **permanente (f.)**

PET, n. m. — anglic. —

Les pets sont interdits.

- **animaux**

PHONY, adj. — anglic. —

Ce comédien-là est phony.

- **sonne faux**

PICHENOQUE, n. f. — dial. fr. —

Pour taquiner son ami, il lui a donné une pichenoque sur le bras.

- **chiquenaude, pichenette**

PICOCHER, v. tr. ou pron. — dial. fr. —

Mes deux enfants sont toujours à se picocher.

- **picoter, agacer**

PICOSSER, v. tr. ou pron. — dial. fr. —

Voir PICOCHER.

PILER, v. intr. — vx fr. —

Viens pas piler sur ma robe.

- **marcher, appuyer le pied sur quelque chose**

PIMBINA, n. m. — can. —

Chez nous, on faisait de la gelée aux pimbinas.

- **espèce de baie rouge**

PIPE, n. f. — anglic. —

On a fait installer des pipes de cuivre.

- **tuyau**

PIRE, adv. — dial. fr. —

Ton travail est pas pire.

- **mal**

PIS, adv. — dial. fr. —

Il est tombé malade pis on l'a amené à l'hôpital.

- **puis**

PISSEUX, adj. ou n. — dial. fr. —

Il est bien trop pisseux pour dire ce qu'il pense.

- **lâche, peureux, poltron**

PIT, n. m. — anglic. —

Ils ont un pit de gravier sur leur terre.

- **fosse, trou, carrière**

*PITCH*ER, v. tr. — anglic.: to pitch —

Pitche-moi la balle.

- **lance**

PLACE, n. f. — anglic. —

Il faut voir Notre-Dame-de-Lourdes. C'est une belle place.

- **endroit, village**

PLANCHE (TERRAIN), adj. — dial. fr. —

Le long de la rivière, les fermiers ont du beau terrain planche.

- **terrain plan, plat**

PLANCHER, n. m. — anglic.: floor —

Son bureau est au deuxième plancher.

- **étage**

PLAQUER, v. tr. — dial. fr. —

Elle a plaqué là son fiancé

- **abandonner, quitter**

PLASTRER, v. tr. — vx fr. —

On a fait plastrer les murs.

- **plâtrer**

PLEUMER, v. tr. — dial. fr. —

On a pleumé un coq.

- **plumé**

PLOGUE, n. f. — anglic.: plug —

Passe-moi la plogue pour boucher le trou.

- **bouchon, cheville**

PLOGUER, v. tr. — anglic.: to plug —

Plogue la lampe.

- **brancher**

PLYWOOD, n. m. — anglic. —

Tous les murs sont faits en plywood.

- **contre-plaqué**

POIRE, n. f. — can. —

C'était donc un plaisir d'aller dans les bois cueillir des poires.

- **petite baie sauvage connu en anglais sous le nom de saskatoon**

POIRETTE, n. f. — can. —

Voir POIRE.

PÔLE, n. m. — anglic.: poll —

À quel pôle doit-on voter?

- **bureau de votation, de scrutin**

POLICE, n. f. — anglic. —

Quand on a vu la police, on a ralenti.

- **agent de police, policier**

POLICE MONTÉE, n. f. — anglic.: mounted police —

La police montée accompagnait la reine.

- **gendarmerie royale**

PONCE, n. f. — vx fr. —

Quand j'ai des frissons, je prends une ponce.

- **boisson d'eau chaude mélangée avec du whisky, du gin, du sucre, du miel, du citron, etc.**

POOL, n. m. — anglic. —

On a joué au pool ensemble.

- **billard**

POPCORN, n. m. — anglic. —

On était pauvre alors on se contentait de popcorn.

- **maïs soufflé**

POQUE, n. f. — dial. fr. —

J'ai reçu une poque sur la face.

- **coup, bosse, ecchymose**

POQUER, v. tr. — dial. fr. —

Il a tout poqué ma voiture.

- **marquer, bosseler**

PORRIDGE, n. m. — anglic. —

Chaque matin nous prenons notre bol de porridge.

- **gruau**

PORTABLE, adj. — anglic. —

Je me suis acheté une radio portable.

- **portatif**

PORTRAIT, n. m. — can. —

J'ai pris des beaux portraits lors de notre voyage.

- **photos**

POSCARTE, n. f. — anglic.: postcard —

N'oublie pas de m'envoyer une poscarte.

- **carte postale**

POSTE-OFFICE, n. f. — anglic. —

La poste-office vend des timbres.

- **bureau de poste**

POURRITE, adj. — vx fr. —

Les oranges sont pourrites.

- **pourrie**

PRATIQUEMENT, adv. — anglic.: practically —

Nous avons pratiquement fini notre travail.

- **presque**

PRATIQUER (SE), v. pron. — anglic.: to practice —

Il faut se pratiquer souvent pour être bon.

- **s'entraîner**

PRÉJUDICE, n. m. — anglic. —

Il a toutes sortes de préjudices contre moi.

- **préjugé**

PRÉLAT, n. m. — dial. fr. —

On a fait poser un beau prélat dans la cuisine.

- **linoléum**

PRESQUEMENT, adv. — dial. fr. —

Il a presquement réussi.

- **presque**

PREVIEW, n. m. — anglic. —

Hier soir, on a vu un preview du spectacle.

- **extraits du programme à venir, avant-première**

PRIME, adj. — dial. fr. —

C'est un garçon bien prime.

- **s'emporte facilement, comprend vite**

PRIMER, n. m. — anglic. —

Quand on a peint nos nouveaux murs, on a d'abord mis un bon primer.

- **couche d'impression**

PU, adv. — vx fr. —

J'en ai pu.

- **plus.**

PUCK, n. f. — anglic. —

Il a envoyé la puck dans le filet.

- **rondelle**

PUFFER, v. intr. — anglic.: to puff —

Après avoir couru un mille, il puffait.

- **respirer rapidement, être essoufflé**

PUNCHER, v. tr. — anglic.: to punch —

Il faut puncher notre carte chaque matin.

- **poinçonner**

PURSE, n. f. — anglic. —

Que de choses dans la purse d'une femme!

- **sac à main**

PUSHER, n. m. — anglic. —

Notre jeune voisin est un pusher.

- **vendeur de drogues illicites**

Q

QUAND CÉ QUE, loc. conj. — dial. fr. —

On partira quand cé que tu reviendras.

- **lorsque**

QUAND QUE, loc. adv. — vx fr. —

Quand que tu reviendras?

- **quand, quand est-ce que**

QUARQUIER, n. m. — dial. fr. —

On a acheté un quarquier de boeuf.

- **quartier**

QUART, n. f. — anglic. —
J'ai pris une quart de lait.
- **pinte (ancienne mesure)**

QUATE, adj. num. — dial. fr. —
J'ai quate soeurs.
- **quatre**

QUE, pron. rel. — — dial. fr. —
La manière que tu fais ça ne marche pas.
- **dont**

QUÈQUE, adj. ind. — dial. fr. —
J'ai trouvé quèque chose.
- **quelque**

QUÉQ'UN pron. ind. — vx fr. —
Quéqu'un est venu nous voir.
- **quelqu'un**

QUESSÉQUE, loc. conj. — dial. fr. —
Je sais quesséque tu as mangé.
- **ce que**

QUESTIONNABLE, adj. — anglic.: questionable —
Ce qu'il affirme est questionnable.
- **incertain, contestable**

QUESTIONNER, v. tr. — anglic. — to question —
Je questionne sa compétence.
- **mettre en doute**

QUETTE, adj. ind. — dial. fr. —
J'ai quette chose à te dire.
- **quelque**

QUEUQUES, adj. ind. — dial. fr. —

On a rencontré queuques personnes.

- **quelques**

QUIEN(NE), pron. poss. — dial. fr. —

J'aimerais avoir le quien.

- **tien(ne)**

R

RABÂTER, v. tr. — dial. fr. —

Elle me rabâte toujours la même chose.

- **bafouiller, raconter de façon incohérente, répéter**

RACCAGE, n. m. — anglic.: wreck —

Les jeunes ont fait tout un raccage dans la maison pendant notre absence.

- **destruction, dévastation**

RACCORDER (SE), v. pron. — vx fr. —

Les deux étudiants ont fini par se raccorder.

- **se réconcilier**

RACOIN, n. m. —

On avait déposé les marmites dans un racoin.

- **recoin**

RACOQUILLER, v. tr., intr. ou pron. — dial. fr. —

En vieillissant, on racoquille.

- **recroqueviller, plier, courber**

RACOON, n. m. — anglic. —

Elle a un beau manteau en fourrure de racoon.

- **raton laveur**

RACOTILLER, v. tr., intr. ou pron. — dial. fr. —
Voir RACOQUILLER.

RACULER, v. tr. ou intr. — dial. fr. —
Elle a raculé dans la porte du garage.
* **reculer**

RAQUE, n. m. — anglic. —
On a transporté deux raques de foin.
* **charrette à ridelles**

RAQUÉ, adj. — anglic.: wrecked —
Il est tout raqué.
* **épuisé, courbaturé**

RADOTEUX, n. m. — vx fr. —
C'est rien qu'un vieux radoteux.
* **radoteur**

RAGOTON, n. m. — dial. fr. —
En quittant, il nous a laissé que des ragotons.
* **objet sans valeur, morceau trop petit, avorton**

RAISE, n. f. — anglic. —
Son patron lui a donné une raise.
* **augmentation de salaire**

RAMANCHER, v. tr. — vx fr. —
Il faut ramancher le mur.
* **réparer**

RAMASSE-POUSSIÈRE, n. m. — dial. fr. —
Ces bibelots sont des vrais ramasse-poussière.
* **objet ou endroit difficile à épousseter**

RAVAUDER, v. intr. — vx fr. —

C'est un gars qui a beaucoup ravaudé.

- **rôder, vagabonder**

RAYON X, n. m. — anglic.: x-ray

Il lui a fallu prendre des rayons X.

- **radiographie**

RÉALISER, v. tr. — anglic. —

Je réalise que j'ai tort.

- **se rendre compte de, comprendre**

RECORD, n. m. — anglic. —

J'ai acheté un record de Bécaud.

- **disque**

RECOUDU, part. passé — dial. fr. —

Elle a recoudu son pantalon.

- **recousu**

RECOUVRIR, v. tr. — vx fr. —

J'espère qu'elle va bientôt recouvrir la santé.

- **recouvrer**

RÉENFORCER, v. tr. — anglic.: reinforce —

Il va falloir réenforcer la clôture.

- **renforcer**

REFRÉDIR, v. tr., intr. ou pron. — dial. fr. —

Le temps s'est vite refrédi.

- **refroidir**

REGARDER, v. intr. — anglic.: to look —

Elle regarde malade.

- **paraître, sembler**

RÉGISSE, n. m. — dial. fr. —

Il faut inscrire les noms dans le régisse.

- **registre**

REINQUIER, n. m. — dial. fr. —

J'ai bien mal au reinquier.

- **rein**

RELIEF **(SUR LE),** n. m. — anglic.: to be on relief —

Ils sont sur le relief.

- **assistance sociale**

REMOVER, n. m. — anglic. —

Les taches de peinture s'enlèvent facilement avec du remover.

- **dissolvant**

RENCHAUSSER, v. tr. — dial. fr. —

Il faut renchausser les patates dans le jardin.

- **rechausser, butter**

RENIPPER, v. tr. ou pron. — dial. fr. —

On va le renipper pour le voyage.

- **vêtir mieux**

RENVOIRAI, v. tr., ind. fut. — dial. fr. —

Je vous renvoirai votre livre.

- **renverrai**

REPÉCHER, v. tr. — dial. fr. —

J'ai repéché ma voiture dans le fossé.

- **retrouver, découvrir**

RÉPÉTABLE, adj. — vx fr. —

Ce qu'il m'a dit n'est pas répétable.

• **peut être répété**

RÉPOND, part. passé — vx fr. —

Il ne m'a pas répond.

• **répondu**

RÉSOUS, part. passé — dial. fr. —

Il a résous le problème.

• **résolu**

RESPIR, n. m. — vx fr. —

Il a pu tenir son respir longtemps.

• **respiration**

RESSE, n. m. — dial. fr. —

J'en ai de resse.

• **reste**

RESTER, v. intr. — vx fr. —

Il reste dans le village voisin.

• **habiter**

RETIENDRE, v. tr. ou pron. — dial. fr. —

Il n'est pas capable de se retiendre.

• **retenir**

RETIRÉ, adj. — anglic.: retired —

Je suis retiré depuis trois ans.

• **à la retraite**

REVANGE, n. f. — vx fr. —

Il a pris sa revange.

• **revanche**

REVERSE (GEAR), n. m. — anglic. —

La voiture était sur le reverse.

- **en marche arrière**

REVIRER, v. tr. — vx fr. —

Elle m'a reviré le dos.

- **tourner, détourner**

REVLÀ, prép. — dial. fr. —

Te revlà encore ici!

- **revoilà**

RHUMATISSE, n. m. — dial. fr. —

Mon grand-père souffre des rhumatisses.

- **rhumatisme**

RIDE, n. f. — anglic. —

J'ai eu une ride pour revenir à la maison.

- **occasion, tour en voiture**

RIDING, n. m. — anglic. —

Les Conservateurs ont été défaits dans notre riding.

- **circonscription**

RIM, n. m. — anglic. —

Le rim[1] de mes lunettes est brisé.
Le rim[2] de la roue est rouillé.

- **[1]monture**
- **[2]jante**

RIPE, n. f. — dial. fr. —

On a mis de la ripe dans les murs.

- **copeau, planure**

RISENT, v. intr. —

Ils risent tout le temps.

- **rient**

ROBUSSE, adj. — dial. fr. —

Notre plus grand garçon est robusse.

- **robuste**

ROCHE, n. f. — dial. fr. —

Lance-moi une roche.

- **caillou, pierre**

RONNE, n. f. — anglic.: run —

Le laitier fait sa ronne[1] tous les matins.
Elle a une ronne[2] dans son bas.

- **[1]tournée, course**
- **[2]maille qui file; son bas a filé**

RONNER, v. tr. — anglic.: to run —

Sais-tu ronner[1] le tracteur?
C'est elle qui ronne[2] chez eux.

- **[1]conduire**
- **[2]donner des ordres, commander**

*ROOM*ER, v. intr. — anglic.: to room —

Ils roolent ensemble depuis deux ans.

- **loger**

ROUE, n. f. — can. —

Les jeunes aiment bien être à la rouc.

- **volant**

ROUGH, adj. — anglic. —

Il a eu une vie assez rough[1].
Le bois est trop rough[2].

- [1]**dure, rude**
- [2]**rugueux, rude**

ROUTI, n. m. — vx fr. —

J'aime un bon routi de boeuf.

- **rôti**

RUBBER, n. m. — anglic. —

C'est un ballon de rubber.

- **caoutchouc**

RUG, n. m. — anglic. —

Le rug à l'entrée devrait être nettoyé.

- **tapis**

RUSH, n. m. — anglic. —

Il y a eu tout un rush pour sortir du magasin.

- **précipitation**

S

SÂBE, n. m. — dial. fr. —

Le gamin jouait dans la boîte à sâbe.

- **sable**

SAFE, adj. — dial. fr. —

Il a tout dévoré; c'est un vrai safe.

- **safre, gourmand**

114

SAFE, adj.[1] ou n. m. [2] — anglic. —

On n'était pas safe[1] dans la maison.
Son argent est dans un safe[2].

- [1]en sécurité
- [2]coffre-fort

SALADE, n. f. — dial. fr. —

Va chercher de la salade dans le jardin.

- laitue

SALE, n. f. — anglic. —

Il y a une sale cette semaine chez Eaton.

- vente au rabais, solde (m.)

SALLE À DÎNER, n. f. — anglic.: dining-room —

Le repas sera servi dans la salle à dîner.

- salle à manger

SAMPLE, n. m. — anglic. —

Vous pouvez avoir gratuitement des samples de laine.

- échantillon

SAUVER, v. tr. — anglic.: to save —

J'ai sauvé un dollar.

- économiser

SAVE, v. tr., subj. prés. — dial. fr. —

Il faut que je le save.

- sache

SCARF, n. m. — anglic. —

Les enfants m'ont donné un scarf pour mon anniversaire.

- foulard

SCIENTISTE, n. m. — anglic. —

Mon fils est un scientiste; il s'intéresse surtout à la chimie.

● **scientifique, qui étudie les sciences, homme de science**

*SCO*RER, v. tr. — anglic.: to score —

Il vient de scorer.

● **compter un but**

SCOTCHTAPE, n. m. — anglic. —

Le scotchtape est très commode.

● **ruban adhésif transparent, scotch**

SCRAPER, n. m. — anglic. —

Je me sers d'un scraper pour enlever la peinture.

● **décapeuse**

SCRAP PAPER, n. m. — anglic. —

J'aimerais avoir un scrap paper pour faire mon travail.

● **bout de papier, papier brouillon**

SCREEN, n. m. — anglic. —

On a acheté un screen pour la porte.

● **moustiquaire**

*SCRUB*BER, v. tr. — anglic. —

On scrubbait notre plancher de bois toutes les semaines.

● **nettoyer, laver, frotter avec une brosse**

SECONDER, v. tr. — anglic.: to second —

Marcel a secondé la motion.

● **appuyer**

SECOUÉE, n. f. — dial. fr. —

Le maître lui a donné une bonne secouée.

● **réprimande**

SECOUSSE, n. f. — dial. fr. —

Il est resté chez lui une bonne secousse.

- **espace de temps, période**

SÉCURE, adj. — anglic.: secure —

Il se sent plus sécure depuis qu'il est chez nous.

- **rassuré, en sécurité**

SELKÉ, n. m. — anglic.: sulky —

Mon oncle participe aux courses de selké.

- **voiture à une place dont on se sert pour les courses de vitesse**

SEMENCES, n. f. pl. — dial. fr. —

On va bientôt commencer les semences.

- **semailles**

SEMI-FINALE, n. f. — anglic. —

Les Jets ont perdu la semi-finale.

- **demi-finale**

SÉNIORITÉ, n. f. — anglic.: seniority —

À cause de sa séniorité, c'est lui qui est devenu directeur.

- **ancienneté, priorité d'âge**

SÉPARATEUR, n. m. — anglic.: separator —

Le séparateur était installé dans la cuisine.

- **écrémeuse, centrifugeur**

SERVIABLE, adj. — dial. fr. —

Ces choses-là ne sont plus serviables.

- **utilisable**

SERVICE STATION, n. m. — anglic. —

Je me suis arrêté au service station pour prendre de l'essence.

- **station-service, poste d'essence**

SET, n. m. — anglic.: set —

Il a un beau set de clefs.

- **ensemble, collection, trousseau**

SETTLER, v. tr. — anglic.: to settle —

J'ai un compte à settler avec lui.

- **régler**

SHACK, n. m. — anglic. —

On a vécu dans un shack pendant trois ans.

- **cabane, baraque**

SHAKER, v. tr. — anglic.: to shake —

Cette maladie-là l'a bien shaké.

- **secouer**

SHAMPOO, n. m. — anglic. —

Il se donne un shampoo tous les matins.

- **shampooing**

SHAPE, n. f. — anglic. —

C'est une fille qui a une belle shape.

- **forme, taille**

SHARP, adj. — anglic. —

C'est un garçon bien sharp.

- **malin, intelligent**

SHAVER, v. tr. ou pron. — anglic. —

Il ne s'est pas shavé de l'hiver.

- **raser la barbe**

SHED, n. f. — anglic. —

Tous les outils sont dans la shed.

- **hangar, remise**

SHIFT, n. m. — anglic. —

Il travaille sur le shift de nuit.

- **quart, équipe**

SHINER, v. tr. — anglic.: to shine —

Il a shiné ses souliers.

- **polir, cirer**

SHIPPEMENT, n. m. — anglic.: shipment —

Il a reçu le shippement hier.

- **envoi, chargement**

SHIPPER, v. tr. — anglic.: to ship —

Le paquet a été shippé hier.

- **expédier, envoyer**

SHOCKS, n. m. pl. — anglic. —

Les shocks de ta voiture sont finis.

- **amortisseurs**

SHOOTER, v. tr. — anglic.: to shoot —

Il sait shooter la balle.

- **lancer, tirer**

SHOP, n. f. — anglic. —

J'ai trouvé cette robe-ci dans une shop.

- **boutique, atelier**

SHOPPER, v. intr. — anglic.: to shop —

On ira shopper demain.

- **faire des emplettes**

SHORT CUT, n. m. — anglic. —

Je prends toujours un short cut pour aller au village.

- **raccourci**

SHOW, n. m. — anglic. —

Il y avait un show[1] de guerre à la télévision.
Leur mariage a été tout un show[2].

- **[1]film**
- **[2]spectacle**

SHOWER, n. m. — anglic. —

Ils ont annoncé des showers[1] pour demain.
Je prends un shower[2] tous les matins.

- **[1]averse**
- **[2]douche**

SHRIMP, n. m. ou f. — anglic. —

On nous a servi des crêpes aux shrimps.

- **crevette**

SIAU, n. m. — dial. fr. —

Il a renversé le siau d'eau.

- **seau**

SINK, n. m. — anglic. —

Il y a encore de l'eau dans le sink.

- **évier**

SIZE, n. m. — anglic. —

Quel est ton size de ceinture?

- **taille, pointure**

SKIDER, v. tr.[1] ou v. intr.[2] — anglic.: to skid —

On skidait[1] les billots jusqu'au lac.
La voiture skidait[2] sur le chemin à cause de la glace.

- [1]traîner
- [2]glisser, déraper

SKIPPER, v. tr. — anglic.: to skip —

Il a skippé un cours de maths.

- omettre, sauter, passer

SKIT, n. m. — anglic. —

Pour le concert de Noël, chaque classe présentait un skit.

- sketch, saynète

SLACKS (DES), n. m. — anglic. —

Elle porte toujours des slacks.

- pantalon

SLAQUE, adj. — anglic.: slack —

La corde est toute slaque.

- détendu, desserré, qui a du jeu

SLAQUER, v. intr. — anglic.: to slack —

Les hommes commencent à slaquer au travail.

- ralentir

SLEEPING-BAG, n. m. — anglic. —

Pour le camping on a besoin d'un sleeping-bag.

- sac de couchage

SLEIGH, n. m. — anglic. —

On se rendit à la messe en sleigh.

- traîneau

SLIDE, n. f. — anglic. —

On s'était fait une slide[1] à la rivière.
Il nous a montré des slides[2] de son voyage.

- [1]**glissoire**
- [2]**diapositive**

SLIGNE, n. f. — anglic.: sling —

Il a eu le bras en sligne pendant un mois.

- **écharpe**

SLIME, adj. — anglic.: slim —

J'aime bien une fille slime.

- **svelte, élancé, mince**

SLOCHE, n. f. — anglic.: slush —

Au printemps, on marche dans la sloche.

- **neige fondante, fondrière**

SLOW, adj. — anglic. —

Le service des postes est bien slow.

- **lent**

SLUM, n. m. — anglic. —

Il demeure dans un slum.

- **bidonville, taudis**

*SMASH*ER, v. tr. — anglic.: to smash —

Les jeunes ont smashé ma voiture.

- **briser, détruire**

SMATE, adj. — anglic.: smart —

Notre curé est bien smat.

- **gentil, intelligent, habile**

SNACK, n. m. — anglic. —

Le jeune aime manger un snack en revenant de l'école.

- **collation, repas léger**

SNIQUER, v. intr. — anglic.: to sneak —

Il a sniqué tout partout tandis que ses parents étaient partis.

- **écornifler, épier**

SNUFF, n. m. — anglic. —

Le pionnier aimait son snuff.

- **tabac à priser ou à chiquer**

SOLAGE, n. m. — vx fr. —

Le solage de la maison est déjà craqué.

- **fondations**

SOLIDER, v. tr. — dial. fr. —

Il va falloir solider les murs.

- **consolider, fortifier**

SOLVER, v. tr. — anglic.: to solve —

C'est un problème dur à solver.

- **résoudre**

SORTABLE, adj. — vx fr. et néol.

Quand il a bu, il n'est pas sortable.

- **qui a de bonnes manières**

SOUFFE, n. m. — dial. fr. —

Je n'ai plus de souffe.

- **souffle**

SOUR, n. m. — anglic.: sewer —

Le sour est bouché.

- **égoût**

SOUVIENDRE (SE), v. pron. — dial. fr. —

Elle ne peut pas se souviendre de mon nom.

- **se souvenir**

SOUYER, n. m. — dial. fr. —

Il porte des souyers neufs.

- **souliers**

SPARE, n. m. — anglic. —

J'ai deux spares aujourd'hui.

- **période libre, période de repos**

SPARE TIRE, n. m. — anglic. —

J'ai perdu mon spare tire.

- **pneu de rechange**

SPEAKER, n. m. — anglic. —

On a installé des speakers dans toutes les classes.

- **haut-parleur**

SPEED, n. m. — anglic. —

Il aime bien ça faire du speed.

- **vitesse**

SPINNER, n. intr. — anglic.: to spin —

Les roues de la voiture spinnaient dans la neige.

- **patiner**

SPITOUNE, n. m. ou f. — anglic.: spitoon —

Quand on chique, on a besoin d'un spitoune.

- **crachoir**

SPLASH, n. m. — anglic. —

Il a fait un gros splash en plongeant.

- **éclaboussement**

SPLASHER, v. tr. — anglic.: to splash —

En nous dépassant en voiture, il nous a tous splashés.

- **éclabousser**

SPOTTER, v. tr. — anglic.: to spot —

Je l'ai tout de suite spotté dans la foule.

- **repérer, apercevoir**

SPRAYER, v. tr. — anglic.: to spray —

C'est bien sec; il va falloir sprayer le gazon.

- **arroser**

SPRING, n. m. — anglic. —

Le spring du lit est tout fini.

- **ressort**

SQUINTLÈNE, n. m. ou f. — anglic.: scantling —

Les squintlènes de la maison sont déjà tous montés.

- **bois de charpente**

STAFF, n. m. — anglic. —

Le staff est nombreux dans notre école.

- **personnel**

STAGE, n. m. — anglic. —

À la fin de la pièce, tous les personnages étaient sur le stage.

- **estrade, scène, plateau**

STÂLLER, v. intr. — anglic.: to stall —

La voiture a stâllé dans le banc de neige.

- **s'embourber, se caler**

STANDY-BY, n. m. — anglic. —

Nous avons des billets en stand-by pour Montréal.

- **en attente**

STAPLER, n.m. — anglic. —

Emploie le stapler pour assembler les feuilles.

- **agrafeuse**

STARCH, n. m. — anglic. —

Je ne me sers jamais de starch pour raidir les cols des chemises.

- **amidon, empois**

STARTER, n. m. — anglic. —

Ne pèse pas trop fort sur le starter.

- **démarreur**

STATION, n. f. — anglic. —

La station du C.N. est dans la rue Main.

- **gare de chemin de fer**

STEADY, adv. — anglic. —

Ils sortent steady depuis deux ans.

- **assidûment, régulièrement**

STEER, n. m. — anglic. —

On a vendu nos steers.

- **boeuf de boucherie, bouvillon**

STEW, n. m. — anglic. —

Au chantier on mangeait du stew tous les soirs.

- **ragoût**

STICKER, n. m. — anglic. —

Pour nous reconnaître, nous avions tous un sticker sur notre veste et sur notre voiture.

- **autocollant, auto-adhésif**

STIFF, adj. — anglic. —

Je suis tout stiff ce matin.

- **raide**

STIME, n. f. — anglic.: steam —

On se servait d'un engin à stime pour les battages.

- **vapeur**

STOOL, n. m. — anglic. —

Assis-toi sur le stool.

- **tabouret**

STOP-WATCH, n. f. ou m. — anglic. —

On s'était servi d'une stop-watch pour voir combien de temps ça lui prendrait à courir le mille.

- **chronomètre**

STORAGE, n. m. — anglic. —

Pendant notre voyage, il a fallu laisser notre voiture en storage.

- **entreposage**

STOUQUE, n. m. — anglic.: stook —

C'est beau un champ de stouques.

- **moyette, meulette**

STRAPE, n. f. — anglic.: strap —

Où est ma strape à rasoir?

● **courroie, lanière**

STRIKE, n. f. — anglic. —

Les employés sont en strike.

● **grève**

STRIPE, n. f. — anglic.: strip —

Passe-moi une stripe de papier.

● **bande, morceau, partie**

STROKE **(AU CERVEAU),** n. m. ou f. — anglic. —

Il a eu un stroke au cerveau; il a dû être conduit d'urgence à l'hôpital.

● **congestion cérébrale**

*STUCK*ER, v. intr. — anglic.: to stuck —

On a stucké dans la neige.

● **se prendre, être en panne**

STUFF, n. m. — anglic. —

C'est du bon stuff.

● **matériel, matériaux, étoffe, marchandise**

SU, prép. — vx fr. —

On est allé su Léon.

● **chez**

SUBSTITUT, n. m. — anglic. —

Je n'enseigne plus régulièrement; je fais du substitut.

● **(de la) suppléance**

SUBWAY, n. m. — anglic. —

Juste comme on traversait le subway, la voiture s'est arrêtée.

- **passage sous-terrain**

SUC, n. m. — dial. fr. —

J'ai trop de suc dans le sang.

- **sucre**

SUCRE BRUN, n. m. — anglic.: brown sugar —

J'ai besoin de sucre brun pour faire du sucre à la crème.

- **cassonade**

SUI, part. passé — dial. fr. —

Il m'a sui dans le bois.

- **suivi**

SUIRE, v. tr. ou intr. — vx fr. —

Arrête de me suire tout le temps.

- **suivre**

SUIT, n. m. — anglic. —

Mon ami porte son plus beau suit aujourd'hui.

- **complet**

SUITCASE, n. m. — anglic. —

Pour ton voyage, apporte seulement un suitcase.

- **valise**

SUITE, n. f. — anglic. —

Nos parents ont loué une belle suite.

- **appartement**

SUMER, v. tr. — dial. fr. —

C'est le temps de sumer l'avoine.

- **semer, ensemencer**

SUNDECK, n. m. — anglic. —

Nous nous sommes construit un sundeck au sud de la maison.

- **terrasse-solarium**

SUPERINTENDANT, n. m. — anglic. —

Il est le superintendant de la division scolaire Seine.

- **surintendant**

SUPPORT, n. m. — vx fr. —

Aux prochaines élections, j'ai besoin de votre support.

- **appui, soutien**

SUPPORTER, v. tr. — anglic.: to support —

Avec son petit salaire, il doit supporter toute sa famille.

- **soutenir, subvenir aux besoins de**

SUPPOSÉ (ÊTRE), part. passé — anglic.: to be supposed to —

Il est supposé faire ce travail-là.

- **être censé**

SURE, adv. — anglic. —

Sure, j'y vais!

- **certainement**

SUSPECTER, v. tr. — anglic.: to suspect —

La police le suspecte depuis longtemps.

- **soupçonner**

SWAMP, n. f. — anglic. —

La swamp était remplie de moustiques.

- **marais, marécage**

SWATH, n. m. ou f. — anglic. —

Nous couperons le blé en swaths la semaine prochaine.

- **andain**

SWEATER, n. m. — anglic. —

Elle m'a tricoté un beau sweater.

- **chandail**

SWELL, adj. — anglic. —

Je vous dis qu'il est swell ce soir.

- **chic, bien mis**

SWING, n. f. — anglic. —

Les enfants aiment bien la swing.

- **balançoire**

SWITCH, n. f. — anglic. —

La switch est près de la porte.

- **interrupteur, commutateur**

SYSTÈME, n. m. — dial. fr. —

Son système est tout à l'envers.

- **constitution, organisme**

T

TABE, n. f. — dial. fr. —

On s'est acheté une belle tabe de cuisine.

- **table**

TAG, n. m.[1] ou f.[2] — anglic. —

Enlève le tag[1] sur ta nouvelle robe.
Les enfants aiment bien jouer à la tag[2].

- [1]**étiquette**
- [2]**chat (jeu)**

T'À L'HEURE, loc. adv. — dial. fr. —

Je l'ai rencontré t'à l'heure.

- **tout à l'heure**

TALLE, n. f. — dial. fr. —

J'ai trouvé une belle talle de poirettes.

- **touffe**

TAN, n. m. — anglic. —

Elle est revenue d'Hawaii avec un beau tan.

- **bronzage**

TANT QU'À, loc. prép. — can. —

Tant qu'à moi, je préfère rester ici.

- **quant à, pour ce qui est de**

TAP, n. m. — anglic. —

Ferme le tap d'eau chaude.

- **robinet**

TAPE, n. m. — anglic. —

Va chercher le tape[1] pour mesurer le plancher.
J'ai enregistré sa voix sur un tape[2].

- [1]**mesure**
- [2]**bande magnétique**

TAPOCHER, v. tr. — dial. fr. —

Il a tapoché son frère.

- **battre à coups de poing**

TAPON, n. m. — dial. fr. —

Ajoute un tapon de beurre.

- **morceau**

TAPONNER, v. tr. — dial. fr. —

Arrête de taponner la pâte.

- **remuer sans nécessité**

TAQUE, n. m. — anglic. —

On a suspendu les guirlandes avec des taques.

- **punaise, broquette**

TAQUER, v. tr. — anglic.: to tack —

Voudrais-tu taquer ce papier-là sur le tableau d'affiches?

- **clouer (avec des broquettes), fixer**

TARAUDER, v. tr. — dial. fr. —

Il s'est fait tarauder par son professeur.

- **réprimander**

TÉLÉVISION, n. f. — anglic. —

On s'est acheté une télévision.

- **téléviseur**

TESTER, v. tr. — anglic.: to test —

On va tester la nouvelle voiture.

- **éprouver, essayer**

TÊTE D'OREILLER, n. f. — dial. fr. —

Je lui ai donné deux têtes d'oreiller comme cadeau de noces.

- **taie d'oreiller**

THRILL, n. m. — anglic. —

C'était tout un thrill d'aller en auto au village.

- **excitation (plaisante), sensation (vive)**

TI, conj. — can. —

Les enfants sont ti fatigants.

- **donc**

TICKET, n. m. — anglic.: ticket —

J'ai déjà mon ticket pour le voyage.

- **billet**

TIE, adj.[1] ou n. f.[2] — anglic. —

La partie a été tie[1].
On mettait des ties[2] de bois pour tenir les rails.

- **[1]égal, ex-equo**
- **[2]traverse (de chemin de fer)**

TIENDRE, v. tr. — dial. fr. —

Veux-tu tiendre le bout de la corde pour une minute?

- **tenir**

TIGHT, adj. — anglic. —

Il est vraiment tight avec son argent.

- **avare**

TIGHTER, v. tr. — anglic.: to tighten —

Pendant la dépression, il fallait se tighter la ceinture.

- **serrer**

TILE, n. f. — anglic. —

On a posé des belles tiles sur le plancher de la cuisine.

- **carreau vernissé**

TIME, n. m. — anglic.: team —

On avait le meilleur time de chevaux.

- **paire, équipe, attelage**

TIMER, v. tr. — anglic.: to time —

Je vais timer le temps que ça lui prend pour courir un mille.

- **chronométrer**

TINQUE, n. f. — anglic. —

La tinquc d'eau chaude est toute rouillée.

- **réservoir, citerne**

TIP, n. m. — anglic. —

Le service est pauvre; je ne laisse pas de tip.

- **pourboire**

TIRE, n. m. — anglic. —

Il faudra gonfler les tires.

- **pneu**

TOASTER, n. m. — anglic. —

Les toasters ne sont pas populaires en France.

- **grille-pain**

TOCSON, n. m. — dial. fr. —

Ne sors pas avec lui; c'est un vrai tocson.

- **têtu, dur**

TOÉ, pron. pers. — vx fr. —

J'aimerais aller avec toé.

- **toi**

TOGNE, n. f. — anglic.: tongue —

La togne de la voiture est brisée.

- **timon**

TOMBOY, n. m. — anglic. —

Étant élevée avec des garçons, elle est devenue un vrai tomboy.

- **garçon manqué, jeune fille d'allures garçonnières**

TOOTHPICK, n. m. — anglic. —

On se sert de toothpicks pour se nettoyer les dents.

- **cure-dents**

TOP, n. m. — anglic. —

Mets-le sur le top de la voiture.

- **le dessus, sommet, capot de voiture, toit**

TOQUER, v. tr., intr. ou pron. — dial. fr. —

J'ai le coeur qui me toque.

- **battre, palpiter, frapper de la tête**

TOUCHY, adj. — anglic. —

C'est un sujet touchy[1].
Il est très touchy[2].

- **[1]délicat**
- **[2]susceptible**

TOUGH, adj. ou n. m. — anglic. —

Quand ils grandissent, les garçons aiment ça faire les toughs.

- **dur, résistant, fort, endurant, difficile**

TOUGHER, v. intr. — anglic. —

On a su tougher à travers la dépression.

- **endurer, résister**

TOWER, v. tr. — anglic.: to tow —

Il a fallu faire tower la voiture jusqu'au garage.

- **remorquer**

TRACK, n. f. — anglic. —

La track passait tout près de chez nous.

• **voie ferrée**

TRAFFIC, n. m. — anglic. —

Vers cinq heures, il y a beaucoup de traffic au centre-ville.

• **circulation**

TRAILER, n. m. — anglic. —

On est parti pour la Floride avec un trailer.

• **remorque**

TRAIN (FAIRE LE) loc. verb. — vx fr. —

Il faut faire le train tous les matins.

• **soigner les animaux**

TRAÎNE, n. f. — vx fr. —

On se sert de la traîne en hiver pour transporter le fumier.

• **voiture d'hiver, traîneau**

TRAINER, v. tr. — anglic.: to train —

Il a trainé son cheval pour la course.

• **entraîner**

TRÂLÉE, n. f. — vx fr. —

Elle avait toute une trâlée d'enfants avec elle.

• **bande, troupe, ribambelle**

TRANSFÈRE, n. m. — anglic.: transfer —

Quand on change d'autobus, il nous faut un transfère.

• **correspondance**

TRANSFORMEUR, n. m. — anglic.: transformer —

On vient d'installer un transformeur électrique à l'hôpital.

• **transformateur**

TRANSPORTATION, n. f. — anglic. —

La transportation du grain se fait surtout par camions.

- **transport**

TRAPPER, v. tr. ou intr. — anglic.: to trap —

On trappait tout l'hiver pour la viande et la fourrure.

- **prendre au piège, faire la trappe**

TRAVAILLANT, adj. ou n. m. — dial. fr. —

Mon mari est un gros travaillant.

- **travailleur**

TRAY, n. m. — anglic. —

Dépose les verres sur le tray.

- **plateau**

TREMPE, adj. — dial. fr. —

Ma robe était toute trempe.

- **trempé, mouillé, humide**

TRIC, n. m. — anglic.: trick —

Il a bien des trics dans son sac.

- **tour**

TRIMER, v. tr. — anglic.: to trim —

À l'automne, on va trimer les arbres.

- **arranger, ajuster, émonder, tailler**

TRIMOUSSER, v. pron. — dial. fr. —

On s'est trimoussé ce matin pour faire tout le ménage.

- **trémousser, secouer, remuer**

TRIMPE, n. m. — anglic.: tramp —

Ce garçon-là est un vrai trimpe.

- **vagabond**

TRIMPER, v. intr. — anglic.: to tramp —

Il a passé sa jeunesse à trimper.

● **vagabonder**

TRINGUE, n. f. — dial. fr. —

Il faudrait acheter une tringue à rideau.

● **tringle**

TRIP, n. f. — anglic.: trip —

C'est toute une trip de Montréal à Winnipeg.

● **voyage**

TRIPPER, v. tr. — anglic.: to trip —

Il a eu une pénalité pour avoir trippé son adversaire.

● **faire trébucher, faire tomber**

TRIYON, n. m. — dial. fr. —

La vache a des gros triyons.

● **trayon**

TROMPE, n. f. — dial. fr. —

J'ai fait une trompe.

● **erreur**

TROUBLE, n. m. — anglic. —

Mon garçon me donne bien du trouble.

● **peine, difficulté, souci, ennui**

TRUCK, n. m. — anglic. —

On s'est acheté un truck pour charroyer le grain.

● **camion**

TRUSTER, v. tr. — anglic: to trust —

C'est un gars que jc truste.

● **avoir confiance en**

TUAGE, n. m. — can. —

Il y a beaucoup de tuage à la télévision.

• **tuerie**

TUB, n. f. — anglic. —

On lavait le linge dans la tub.

• **cuve, baquet**

TUILE, n. f. — can. du fr.: plaque de terre cuite servant à couvrir certains édifices —

Voir TILE.

TUNE, n. f. — anglic. —

Joue-moi une belle tune.

• **air, chanson, mélodie**

TUNE-UP, n. m. — anglic. —

Ma voiture a besoin d'un bon tune-up.

• **mise au point**

TUSENT, v. tr., 3e pers. pl. —

Ils tusent beaucoup de monde à la guerre.

• **tuent**

TWISTER, v. tr. — anglic. —

Je me suis twisté la cheville.

• **tordre, fouler**

TYPER, v. tr. — anglic.: to type(write)

Je vais typer votre lettre.

• **dactylographier, taper**

U

UNION, n. f. — anglic. —

Les unions demandent de gros salaires.

• **syndicat**

USER, v. tr. — anglic.: to use —

Est-ce que je peux user votre téléphone?

• **se servir de**

UTILITÉS, n. f. — anglic.: utilities —

Les utilités nous coûtent de plus en plus cher, surtout l'eau et le gaz.

• **services publics**

V

VACUUM-CLEANER, n. m. — anglic. —

Le vacuum-cleaner a remplacé le balai.

• **aspirateur**

VACUUMER, v. tr. — anglic.: to pass the vacuum-cleaner —

Je vais vacuumer le tapis du salon.

• **nettoyer à l'aspirateur**

VAN, n. m. ou f. — anglic. —

Nous avons fait le voyage en van.

• **fourgonnette, camionnette**

VARSER, v. tr. ou intr. — dial. fr. —

On a varsé dans le fossé.

- **verser**

VÊPES, n. f. — dial. fr. —

Il y avait les vêpes le dimanche après-midi.

- **vêpres**

VIENDRE, v. intr., inf. prés. — dial. fr. —

Est-ce qu'ils vont viendre demain?

- **venir**

VIENS-T'EN, loc. verb. — can. —

Viens-t'en; on s'en va.

- **viens, viens vite**

VIRAGE EN U, n. m. — anglic.: U turn —

À cet endroit, il est défendu de faire un virage en U.

- **demi-tour**

VIRE BREQUIN, n. m. — vx fr. —

Je n'ai pas de vire brequin pour percer les trous.

- **vilebrequin**

VITEMENT, adv. — can. —

Il a vitement appelé sa mère.

- **vite**

VOYE(ES, ENT), v. tr. — dial. fr. —

Il faut que je te voye.

- **voie(es, ent)**

W

WAGUINE, n. f. — anglic.: wagon —

On transportait notre grain à l'élévateur en waguine.

- **voiture de travail à quatre roues**

WAITER, n. m. — anglic. —

Nous avons laissé un bon pourboire; le waiter nous avait donné un bon service.

- **garçon, serveur**

WAITRESS, n. f. — anglic. —

La waitress nous a bien servi au restaurant.

- **serveuse**

WALLET, n. m. — anglic. —

J'ai perdu mon wallet qui contenait toutes mes cartes de crédit.

- **portefeuille**

WAREHOUSE, n. m. ou f. — anglic. —

Nous avons laissé nos meubles dans un warehouse.

- **entrepôt**

WASHER, n. m. — anglic. —

Il manque un washer; c'est pourquoi l'huile coule.

- **rondelle perforée que l'on place sous un écrou**

WATCHER, v. tr. ou intr. — anglic.: to watch —

Ma mère me watchait toujours.

- **surveiller, épier**

WELFARE, n. m. — anglic. —

Tout le monde bénéficiait du welfare.

- **assistance sociale**

WÉSIN, n. m. — dial. fr. —

On avait des bons wésins.

- **voisin**

WÊTE, n. f. — dial. fr. —

Il se met toujours de la wête dans les oreilles.

- **ouate**

WHOLESALE, adv. — anglic. —

J'achète toujours wholesale.

- **en gros**

WIENER, n. m. ou f. — anglic. —

Il a fait rôtir une wiener sur le feu.

- **saucisse de Francfort**

WILD, adj. — anglic. —

Quand j'étais jeune, j'étais pas mal wild.

- **excité, étourdi, écervelé**

WILLING, adj. — anglic. —

Je suis bien willing d'y aller.

- **consentant**

WINDBREAKER, n. m. — anglic. —

Ne sors pas sans ton windbreaker.

- **coupe-vent**

WINDSHIELD, n. f. ou m. — anglic. —

Une pierre est venue briser son windshield.

- **pare-brise**

WRENCH, n. m. — anglic. —

Prends le wrench pour serrer le boulon.

- **clé anglaise**

Y

Y, pron. pers. — dial. fr. —
Je vais y dire.
- **lui**

YÂBE, n. m. — dial. fr. —
Que l'yâbe l'emporte.
- **diable**

YEAST, n. m. — anglic. —
On se sert du yeast pour faire lever le pain.
- **levure**

Z

ZIPPER, n. m. — anglic. —
Le zipper de son pantalon est brisé.
- **fermeture éclair**

ZOU, n. m. — anglic.: zoo —
Nos enfants aiment bien aller au zou.
- **zoo (prononcé zo-o)**

BIBLIOGRAPHIE

BELISLE, L.-A., *Dictionnaire nord-américain de la langue française,* Montréal, Beauchemin, 1979.

BRUNOT, Charles, *Petite histoire de la langue française,* 2 vol., Paris, Colin, 1970.

DAGENAIS, Gérard, *Dictionnaire des difficultés de la langue française au Canada,* Montréal, Éditions Pédagogia inc., 1967.

DAUZAT, Albert, *Les Patois,* Paris, Delagrave, 1946. *Nouveau dictionnaire étymologique et historique,* Larousse, 1971.

DULONG, Bergeron, *Le parler populaire du Québec et de ses régions voisines,* Ministère des communications, Québec, 1980.

GRÉVISSE, Maurice, *Le Bon Usage,* Belgique, Duculot, 1969.

HARRAP, *New Standard French and English Dictionary,* London, Clarke, Irwin & Co. Ltd., 1972.

La Société du parler français au Canada, *Glossaire du parler français au Canada,* Québec, Les Presses de l'Université Laval, 1968.

ROBERT, Paul, *Dictionnaire alphabétique et analogique de la langue française,* Paris, Société du nouveau Littré, 1975. *Le Petit Robert,* Paris, Dictionnaires Le Robert, 1984.

ROBERT et COLLINS, *Dictionnaire français-anglais, English-French Dictionary,* London, Glasgow & Toronto, Collins Sons & Co. Ltd., 1978.

PUBLICATIONS DES ÉDITIONS DES PLAINES

DISTRIBUÉ PAR
LES ÉDITIONS DES PLAINES

L'espace de Louis Goulet
Guillaume Charette
(Éditions Bois-Brûlés)